ごてやん

私を支えた母の教え

稲盛和夫

小学館

ごてやん

私を支えた母の教え

もくじ

序章

ぜんざいの湯気の向こうに、今も

お母さん……。

一人でいるときに、この言葉がふと口をついて出てくることがある。

一日に四、五回はあるだろうか。

若い頃にはそんなことはなかった。六十歳を越えてからのことだ。

なぜなのかはわからない。

日中、仕事で忙しくしているときにはないのだが、朝起きたときや、夜眠りに落ちる頃、ふとしたときに気がつけば「お母さん」とつぶやいていて自分でも驚く。

嬉しいとき、幸せをしみじみと感じているときには、「お母さん、ありがとう」。

心に不平不満が湧きかけているとき、あるいは前夜に飲みすぎたようなときには、「お母さん、ごめん」と。

こんなことを書くのは照れくさいが、私は子どもの頃から本当に母親のことが好きだったのだと思う。母は、言葉では表現できないくらい大きな愛情で私を包み込んでくれていた。

今もなお、ことあるごとに「お母さん」とつぶやいているのを、もうひとりの自分がほほえましく見ている。

「私ももう八十歳を越えているのに、なんだかかわいいなあ」と。

母のやさしさ、温かさを思い出すとき、ほの甘いぜんざいの香りが一緒によみがえってくることがある。

私が生まれ育った鹿児島は、子どもたちの教育において、正義や武士道といったものを非常に大切にする土地柄だった。

そういう教育の一環としてだったのだろう、毎年、赤穂浪士の討ち入りがあった旧暦十二月十四日になると、『赤穂義士伝』の話を校長先生から聞かされるという恒例行事があった。

小学四年生以下は昼間に講堂に集められ、赤穂浪士の忠義について子ども向けの紙芝居などを使って教えられた。

五年生以上になると、もっと難しい講釈を聞いた。片島深淵という人が書いた本『赤穂義臣伝』を先生が朗読するのを、講堂で正座してひたすら聞くのだ。

講堂に集められるのは夕方からで、講釈は夜十時頃まで続いた。温暖な鹿児島とはいえ、十二月は夜になればおそろしく冷え込む。何の暖もない極寒の夜の講堂で、ガタガタ震えながらさっぱりわからない話を聞かされた。板の床は氷のように冷えきり、その上に素足で正座、が何時間も続く。

先生の話が終わる頃には、足の感覚は完全になくなっていた。

ようやく解放され半べそになって家に帰り着くと、母が門の前で待ちかまえ、「おかえり！　早くお入り」と、いつもの笑顔で出迎えてくれた。

家に入ると、冷えきった足を温めるために母が沸かしてくれていた湯がちょうどいい具合のぬるま湯になっていて、両足をとっぷりと浸ける。

ほっと一息つくと火鉢のそばに向かう。

粟餅と黒糖で作ったぜんざいを、母が「さあ、おあがり」と言いながら、お椀にたっぷりよそってくれる。そのお椀に顔を突っ込み、ものも言わずに食べる私。

グツグツ煮えるぜんざいの湯気の向こうで、私を見守る母の笑顔は、どこまでもやさしかった。


母の名前はキミという。

私はこの母キミから、人として生きていく上での大事なことを教わった。

言葉で教わったわけではない。

しかし「やさしさ」という言葉を聞くとすぐに母を思い出すくらい、母の存在は今も私の心の中で非常に大きな位置を占めている。

母は二十三年前、八十二歳でこの世を去った。そして私は今年八十三になった。

母が生きた人生の長さを越えた今、ふと考えることがある。

私にとって、母はどんな存在だったのか。

私に与えた影響は何だったのだろうか——と。

私は多くの経験を通し、人として正しい生き方、人が生きる目的とは……など、自分なりの哲学を築いてきた。

それを今は私自身の言葉として語っているが、重要な出発点は、まちがいなく幼児期にある。

私だけの話ではない。誰しもその人となりの基礎となるものは、幼児期に形成される。そして、その形成に最大の影響力を持つのは言うまでもなく親である。

私の場合も例外ではなく、とりわけ、大好きだった母の影響は、今も自分の中に大きく残る。


昨今ニュースなどで、道徳観や倫理観が欠如してしまった若者の話をよく聞く。また、周囲から、最近の若者は利己的で感謝の心に欠けているように見える、という話もよく聞こえてくる。

私は、私たち日本人が仏教の教えに基づく「利他の心」の持ち主であると信じているが、それは私たちの親が、世代を越えて子どもたちに伝えてきたものなのだ。

現代の若者がそれを持たないのだとしたら、原因はただひとつ。大人が教えてこなかったからだ。

戦争は残酷だ。かつて、この美しい国を焼け野原にした。しかしその中で幼少期を過ごした私たちの世代の心が貧しいものにならなかったのは、人としてどう生きるべきかを、厳しく、そして温かく教えてくれる大人たちがいたからに他ならない。

まちがいもし、失敗にくさった日にも、そこには必ず愛情に満ちた眼差しがあった。

今は孫を持つ身になった私が母への慕情を綴ることになるとは思わなかったが、単なる思慕の記を越えて、自分自身の魂を磨く道の出発点を探り、人として正しく生きる道の記録になればいいと願う。そしてそれが、これからこの国の未来を担う子どもたちを育てる人たちにとって何らかの道しるべになれば、これ以上の喜びはない。

第一章

泣き虫がガキ大将に

内弁慶な次男坊

にぎやかな九人家族

鹿児島市のほぼ中央に、西郷隆盛最期の地である、城山がある。

この城山の直下を流れる甲突川《こうつきがわ》の河畔にある薬師町（現・城西）という町で、私は生まれた。父・畩市《けさいち》、母・キミの次男坊としての誕生だった。

実際に生まれたのは一九三二年（昭和七）一月二一日だが、仕事と育児に多忙をきわめていた両親は、役所への届け出が遅れてしまったようで、戸籍では三〇日生まれとなっている。

きょうだいは七人。上に兄が一人いて、私のあとに妹が三人、弟が二人生まれた。

決して豊かではなかったが、いつもにぎやかな家庭だった。

にぎやかだったのは、私の家が印刷業を営んでいたためでもある。ブルンブルンという印刷機のモーター音と震動は、日曜日も絶えることはなかった。

父親は非常におとなしい人で、父から怒られたという記憶は数えるほどしかない。うちには常時十人ほどの工員さんたちが工場を手伝いに来ていたが、父は自分の子どもばかりか、工員さんたちを叱ることも一切なかった。

私の記憶にあるのは、ただ黙々と仕事をしている父の背中だ。

印刷工場では活版印刷機が常時回っていて、モーターの上が温かかったのを憶えている。冬になると私はその上に乗り、ぬくもったり遊んだりしていた。少しでも足を横に出せばベルトにはさまれてしまっていたと思うが、父はそんな私を見ても決して叱ったりしなかった。

工員さんの大半は近所に住むおばさんたちで、仕事が長引いて夜遅くなると、私たち家族と一緒に長くて大きな食卓を囲んだものだった。

母は、家事と育児はもちろん、おばさんたちの仕事の割り振りまで仕切っていた。そのうちに女中さんを雇うことにもなったが、その仕切りも母の仕事だった。

母の一日は早朝に始まる。まず、ご飯を炊くかたわら、今日の作業に使う糊を炊き始める。工員さんたちが来たらすぐに仕事に取りかかれるようにするための準備だ。

次に子どもたちを起こし、食事をさせてから、今度は父を起こしにかかる。おとなしい父にもどこかワンマンなところがあり、朝はあまり早くから起きてこなかった。作業の準備はすべて母に任せていたから、母の日課は多岐にわたった。

ビワ狩りと温泉旅行の思い出

父は若い頃は印刷屋に丁稚奉公していた。しかしそのうちに、出入りの紙問屋にまじめな仕事ぶりを見込まれ、中古の印刷機械を譲ってもらって独立した。私が生まれたのは、ちょうどその頃だった。

父は自宅の離れを作業場にし、「稲盛調進堂」の看板を掲げた。大黒様が座っている左右に、一本ずつの稲穂が垂れている絵柄が商標だった。

道路を隔てた向かいにあった鹿児島実業高校や、鹿児島中学からの大口の注文が絶えずあったため、「稲盛調進堂」の商売は、開業当初から順調にまわっていたようだ。

とはいえ工賃が安かったので、稼ぎといってもたいしたものではなかった。それでも「一家を養えればそれで十分」と考える父は、不平一つ言うことなく、徹夜してでも納期を守った。

そんな父をますます見込んだ紙問屋が、今度は、紙袋を作る自動製袋機を持ち込んできて言ったそうだ。

「機械の代金支払いは何年先でもかまわない。紙袋の売り先も紹介する」

事業拡大に結びつく、またとない好条件を提示されたのだ。

それなのに、手広くより手堅く、を身上とする父は、とにかく「金がない」と言い張り、なかなか承諾しなかったらしい。

自動製袋機は、その後とうとう根負けして導入することにはなったが、父は新しいことに対しては常に慎重だった。

「あれだけ腕が立つのに、畋市さんは欲がなさすぎる」というのが父の評判だった。

薄利多売の経営を維持するため、父は日曜でも朝から黙々と仕事に励んだ。

それでもたまの休みの日には、家族で出かけた。

とりわけ楽しみだったのが、桜島でのビワ狩りだ。私が子どもの頃の桜島は、山一面にビワ畑が広がっていた。畑に着くと、私たちはまずお腹いっぱいにビワを食べ、その後リュックサックがぱんぱんになるまで詰め込んだ。

お盆やお正月の長い休みには、一家で湯治にも行った。甲突川の上流にある河頭《こがしら》温泉がいつもの行き先で、食事に必ずすき焼きが出たことを憶えている。これが楽しみで、「河頭へ行こう」という話が親から出るたびに、子どもたちは黄色い歓声を上げた。

今ふり返ると、おそらく当時の両親にとっても、この湯治とすき焼きはたまの贅沢だったに違いない。

お正月の思い出と言えば、母の実家にもよく行った。

母の両親は、長女である母が孫たちを連れて帰ってくると、手放しで大歓迎してくれた。母にとっても、年に一度、正月の晴れ着を子どもたちに着せて実家に帰るこの日は、この上ない楽しみだっただろう。自分が嫁いだ夫が大変な働き者で、一生懸命に仕事に励み、ある程度豊かな暮らしができているということを、両親に誇りたい気持ちもあったと思う。

母の父親、つまり私の祖父は、いつも「和夫、よう来た」と言って私にお年玉をくれた。

袋を開けると五十銭銀貨が入っていた。当時「一銭駄菓子屋」というのがあり、一銭で駄菓子が一つ買えたから、五十銭は子どもにはかなりの高額だった。

母の実家には、まだお嫁に行かない母の妹たちが二、三人いた。私から見ると叔母にあたるが、私とそれほど年は違わなかったと思う。

叔母たちは私がもらったお年玉を見ると、「まあ、お父さんたら、和夫ちゃんには五十銭銀貨をくれて。私なんかもらったこともない」と恨みごとを言った。

その五十銭をどう使ったかは憶えていない。おそらく、しっかり者の母親の財布に収められたものと思われる。

泣き虫、弱虫

職人気質で実直な父の畯市は、「石橋を叩いても渡らない」という言葉がぴったりはまる人だった。

一方、母親のキミは、明るい性格の社交家だった。特別おしゃべりだったり冗談好きだったりしたわけではないが、ものごとの悪い面を見たり、意地悪をしたりするようなところはまるでなく、いつも前向きで、人にも親切だった。

前述のように、母は毎日朝早くから家族9人とその頃同居していた祖父といとこを含め11人分の食事の支度をし、神棚・仏壇の水の取り替え、掃除……と座るひまもなく働いていた。

父はそれを見ていても、家事には一切手を貸さなかった。今はいかに九州の男でもそれでは通らないと思うが、その時代はまだまだ「薩摩隼人」の考え方が強かったのだろう。

そんな中でも母はいつも笑顔を絶やさなかった。家の中や工場の中を走り回りながらも、周りにいる工員の女性たちに「ほんのこて（本当に）助かるわ」などと声をかけていた。

工員たちにとっても、働き者で太陽のような存在だったと思う。

母はまた、父の商売を支え、父以上に商売上手なところもあった。

二人の間に生まれた私はというと、明るく活発な子どもで、親戚の人たちが集まる場では何か面白いことをして見せ、みんなを笑わせるのが常だったそうだ。元来前向きで陽気なところは母に似たのだろうと思う。

そのくせ私には、内弁慶で、泣き虫で、臆病なところもあった。特に小学校に上がるまでは、どの思い出も涙と共にあると言って過言ではない。

小学校に入るか入らないかの頃からよく近所の年上の子どもたちと野原を駆け回って遊

んでいたが、年上のいが栗頭たちにもよく弱虫であることをからかわれていた。

彼らが先に田んぼのあぜ道を走り抜けていくのに取り残されては涙ぐみ、川べりに残されてはべそをかいていたことを覚えている。

それでもやっぱり「薩摩の男」。結局は勇気を出して追いついていくのだが、その頃の私は、今ではとても信じられない弱虫だった。

ごてやんの「三時間泣き」

母を独り占めしたくて

臆病で内弁慶な私は、家では大変な甘えん坊だった。

九人の家族に加え、わが家には、うちで働く工員さんや女中さんが常時十数人いたが、その人たちにも私はだいぶ甘えさせてもらっていたように思う。みなが「和夫ちゃん」と呼び、泣き虫で手のかかる私をかわいがってくれた。

特に母に対するわがまま勝手な甘えぶりは、きょうだいの中でも群を抜いていた。母がきょうだいの中で私だけを特別に甘やかしていたわけではない。私が勝手に、あたかも自分一人の母であるかのように、甘えきっていたのだ。毎日忙しい母になかなかかまってもらえず、しかもきょうだいが多かったから、母の愛情を独り占めしたかったのだろう。とにかく四六時中、母の後を追いかけ回していた。母が着ている着物の裾をつかみ、母が台所へ行けば台所に、お便所に行けばお便所にまでついていく。

「もう、この子は困った子だ」

そう言って母が私の手を振り払おうとしようものなら、ワーッと泣き出す。しかたがないからそのまま連れ歩いていたそうだ。

これは私がよちよち歩きのときから、小学校に通い始めるまで続いたらしい。大きくなってから、「手元に何かあるなと思うと、和夫ちゃんの手だったよ」と母から聞いた。

三つ上の兄はいかにも長男らしいしっかり者で、私のように親に甘えることはなかった。小学校に上がる頃には私のあとに生まれた妹が二人いたが、それでも私が一番、母に甘えていた。

鹿児島に、「ごてやん」という言葉がある。

「ごてる」というのは、「ごねる」の意味。つまり、素直に言うことを聞かず、わがままを言って相手を困らせることだ。そんな子どもを「ごてやん」と呼んだ。

小学校に上がるまでの私は、まさに「ごてやん」だった。そのことをよく表すのが、まわりの大人たちからの私の呼び名だ。

私は家族からだけでなく工員さんたちからも「三時間泣き」と呼ばれていた。いったん泣き出したら三時間は泣きやまないというのが由来だった。

よほど泣き声が大きかったのか、「ほら、また和夫ちゃんの三時間泣きが始まったよ」と、近所でも名物になっているほどだった。

なだめても、すかしても

私の「三時間泣き」は、たいていお決まりの経過をたどった。

昼寝から目覚め、ふとへやの中で一人でいる自分に気づいて心細くてたまらなくなる。自然と口から、「お母ちゃーん」という言葉が出てくる。

誰も来ない。

もう一度言ってみる。「お母ちゃーん」

それでも母の足音は聞こえてこない。工場がある離れのほうから、いつもの機械の音が聞こえてくるだけだ。

「うわーん」

ついに「三時間泣き」の火ぶたは切られる。

「うわーん、うわーん」

どんどん声のボリュームを上げるも、いっこうに母が来る気配はない。

とうとう床にひっくり返り、手足をばたばたさせ始める。ふすまを蹴り、障子を蹴る。その足で大きな穴を開けてしまったこともある。

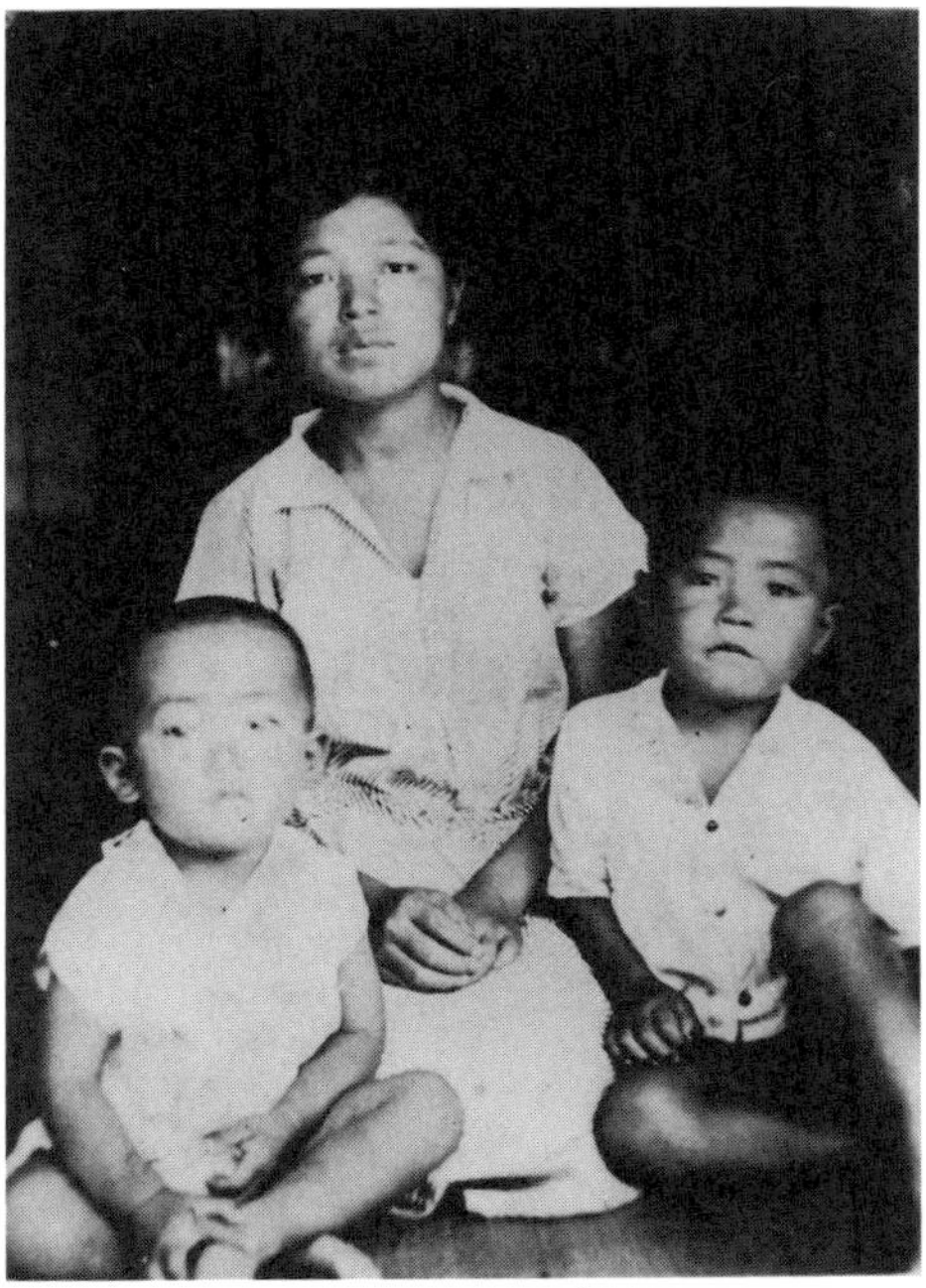
母・キミ、兄・利則（右）と自宅で。

実は母には、私の泣き声はとうに聞こえている。しかし、工場で手を休めるいとまもなく作業し、女工さんたちにも指示を出さなければならないので、簡単には工場も離れられないのだ。

それでもふすまやら障子を

蹴る音まで聞こえ始めると、しかたなく観念して一区切りつけ、重い腰を上げる。「おやおや何を泣いているんだい」、「ごめんごめん、遅くなったね」などと言いながら、私のもとへ来てやさしく慰め、手を差し伸べる母。

しかしそれで泣きやむかと思えば、そうではなかった。泣き声が、むしろよりいっそう強くなるのだ。

さっきまでは「お母ちゃん、早く来てよ！」という懇願の泣き。「こんなに自分が思っているのに、どうしてつれないんだよ！」という気持ちを込めていた。

そして今度は「どうしてこんなに遅かったの！」という抗議の泣きである。願い通りに来てくれたのに、「こんなに悲しくて寂しくて泣いていたのに、どうしてもっと早く来てくれなかったの！」という気持ちは収められない。

もう手に負えない。母にしてみれば、つき合い切れない思いだっただろう。なにしろ仕事の最中だ。皆に迷惑がかかる。

なだめてもすかしても泣きやまない私を残し、母は工場へ戻っていく。

すると私は、今度は「どうして行っちゃうんだよ！」という泣きを始める。

このように理由を変えながら、いつまでもいつまでも泣いていた。

本当に三時間泣いたかどうかはわからない。おそらく一時間ほどのことだっただろう。しかしあまりのしつこさに、母が「三時間泣き」と言い始めたようだった。

空想の世界に遊ぶ

実際には一時間も泣けば、さすがの私も疲れてくる。その後、気持ちが落ち着いていくまでの過程を、今もよく憶えている。

家の八畳間に、来客用の大きな座卓があった。クスノキか何かでできた、とても立派なものだったと記憶している。

私はその下に仰向けになって潜り込み、天板の裏側をじっと見上げた。

そこには木目が織りなす複雑な模様が広がっていた。

泣きやんで放心状態の涙目で見ていると、その模様が、あるときはどこか知らない国の地図に、あるときは海岸の景色に見えた。その海岸には干潟が現れ、幾組みもの親子が楽しげに潮干狩りをしている。赤い日の丸を翼につけた飛行機が見えたこともある。低空飛行したり、急上昇して空高く舞い上がったりしていた。

私の空想はどこまでも広がり、物語の世界に没頭した。木目は天井にもあり、そこが壮大な舞台となる日もあった。

空想の世界で遊ぶうちに心も落ち着き、私はいつのまにか眠ってしまうのだった。

私は想像するのが好きな子どもだった。特に兄が小学校に通い始めてからは、家に遊び相手がいなくなったため、しょっちゅう一人でイマジネーションの世界を楽しんでいた。

当時、私たちきょうだいをよく映画館に連れていってくれる叔父がいた。同居していた父の十歳下の弟、兼一《かねいち》おじさんだ。

兼一おじさんは、堅物の父とは違い、モダンで、稲盛家随一の開明派であった。私はこのおじさんを通じて、外の世界を知った。

しかし私は、どんな映画に連れていかれても、感動することはなかった。「こんな話は自分でいくらでも作れるよ。ほら、次の展開が見えすいているじゃないか。自分ならもっと面白い話が作れる」という自負があったのだ。エノケン（榎本健一）主演の映画など、ときには夢中になったものもあったが、ほとんどは私にとってつまらないものばかりだった。

だから、そういう娯楽に高いお金を払って映画を観に来る大人たちが幼稚に見え、「大人というのは何と単純な頭をしているんだろう」と内心あきれたりもしていた。

「三時間泣き」で大人の手を焼かせる甘えん坊だったくせに、そういう生意気なところもあった。

白い子ウサギの思い出

私の「ごてやん」ぶりを示す、こんな思い出もある。

鹿児島では、春になると「木市《きいち》」という催事が開かれた。庭木やら草花やらを売る屋台が軒を連ねる木の市だ。にぎやかな会場には、木だけではなく、駄菓子屋さんなども出店していた。

いつも忙しい母だったが、たまのこういう機会には、子どもたちを連れていってくれた。ある年の木市でのこと。小学校に上がるか上がらないかの頃のことだ。私のほか兄も一緒だったと思う。

たくさん並んだ店の中で、私は、白い子ウサギを売っている店を見つけ、ふと足を止めた。白いふわふわの毛に包まれ、真っ赤な目をした小さなウサギの子が、箱の中に何羽もうずくまっている。

兄についてまわって遊ぶことも多かった。

お店の人がその中から一羽取り出し、私に抱かせてくれるという。おそるおそる受け取り、「よしよし」となでてみる。

温かい命のぬくもりが伝わってくる。なんてかわいいんだろう。

私は無性にその子ウサギが欲しくてたまらなくなってきた。

行き過ぎようとする母の手を引っ張り、「買って」とねだった。

母は「ウサギなんかどうするの」と言って取り合おうとしない。母にとって、そんな買い物は無駄遣い以外の何物でもなかったのだ。

私はさっそく、うわーっと泣き声を上げて「じだ」を掘り始めた。

じだを掘るというのは、鹿児島弁で「地面を掘る」という意味なのだと思う。足をばたばたさせてだだをこねる、要するにごてるということだ。

道にへたり込み、地面に穴が開くほど足をばたばたさせて、私は「買って!」と要求し続けた。例によって、母がどんなに制してもやめない。

私の手をなおも引っ張り、あきらめさせようとする母。しかし私の泣き声は大きくなるばかり。思い立ったら最後、母の言うことなど耳に入らないのだ。

お店の人は困ってしまい、通り過ぎる人たちは半ばあきれ顔。

母は「ここで三時間泣きを始められてはたまらない」と思っただろう、落ち着いた声で説得を始めた。

「和夫ちゃん、ウサギを飼い始めたら、必ずあんたはえさをやらんといかんのよ。えさを毎日とりに行って、食べさせてあげられるなら買ってあげる。食べさせなかったら、ウサギは死ぬ。ちゃんとやるって約束できるね」

「やるよ、やる!」

一も二もなく私は答え、晴れて子ウサギは私のものになった。しかも、つがいで買ってもらえたものだから、帰り道は得意満面だった。

このときの母には、こらえ性のない私を教育するために、「毎日えさをやる」という役割を課してみようという意図もあったかもしれない。

さっそく家の庭にゲージを作り、そこで子ウサギを飼い始めた。

初めのうちこそ、私は近所の甲突川のほとりでハコベなどを摘んできたりして、えさにして与えた。

ところが母が案じていた通り、それは三日ほどしか続かなかった。ウサギなど次第にあきて、放ったらかしにして遊びに行ってしまうようになった。

結局、ウサギの世話は、ただでさえ忙しい母の新たな役割となった。優しい母は文句を言いながらも、その後ずっと面倒を見続けてくれたのである。

ウサギというのは繁殖力が旺盛な動物だ。つがいで買ったものだから、ウサギは次から次へと子どもを増やしていった。

「あんたがウサギの面倒を見ると言ったから買ったのに、もう」と、母にしょっちゅうこぼされたのを憶えている。

受け入れられているという実感

私には母にきつく叱られたという記憶がない。思い出そうとしても、一度もなかったとしか言いようがないのだ。

よく世間には、大変立派な人格を持った母親に、厳しく言い聞かせられながら育ち、それが現在でも自分の精神の糧になっているというような人がいるが、私の母は決してそのようではなかった。

母は、ただ、毎日を明るく、そして人のために懸命に働くその姿をありのままに見せ、すばらしい愛情で子どもたちを包んでくれていた。

ただ、母は何もかも許容していたわけではない。人としてやってはいけないことに対しては、きちんと「いけません」と教える人だった。甘やかすこともしなかった。

ウサギもすぐに買ってくれたわけではなく、さんざん反対してからだったし、えさをやる約束を結局守らなかったことについても、静かに諫《いさ》めた。

しかし結局は、すべてを受け入れてくれるのが母の常だった。ウサギたちの面倒を、忙しい中でも辛抱強く見続けてくれたように。

悪いことは悪いと教えながらも、決して見放すことはない。

「三時間泣き」にしてもそうだ。あれだけ困らせていたのに、突き放すことも、つれなくすることもなかった母。

母の関心を得たい、やさしくしてもらいたいという一心で、大声で泣きわめき、襖《ふすま》を蹴り、障子を蹴る頑是《がんぜ》ない甘えん坊の私を、ふつうの母親ならたしなめたり、厳しく叱ったりするものだろう。それをまったくせず、「困った子だね」と言いながらも、そのまま受け止めてくれていた母。

母のこうしたあり方は、大きな安心感として子ども時代の私を支えたばかりでなく、今もなお私の精神の支柱をなしているように思う。

私は七人もの子どもの一人だったわけだし、決して溺愛されていたわけでも、甘やかされていたわけでもないが、私は常に、深い母親の愛情に包み込まれて成長していったという確かな自信がある。きょうだい皆同じ自信を持っていると思う。

始終そばにいなくても

母の愛情に常に包み込まれながら育ったという私の実感は、母が「いつもそばにいてくれた」という理由から来るものではない。

むしろ私が「三時間泣き」という強行手段に出なければならなくなるくらい、母はなかなかそばに来てくれなかった。あの「三時間泣き」を決行してさえ、放ったらかしにされていることが多かったほどだ。

何度も言うが、なにしろ母はとても忙しい人だった。父を手伝う仕事以外に、工員さんたちや女中さんたちを指揮していたし、面倒を見なければならない子どもも七人いた。

それでも私が「母に愛されている」ということをひしひしと感じながら育ったところを見ると、おそらく母親の愛というのは、始終そばにいないと伝わらないという性質のものではないのだろう。むしろ私の母のように、短い時間しか子どもと接することができない状況でこそ、強い愛を与えられるのではないだろうか。

母親が心からわが子を大事に思い、子どもが好きで、子どもをやさしく見守っていこうという気持ちを持っていれば、子どもと接する時間がどうであっても、子どもを必ずいい方向に導いていけると思う。

今は大変豊かな時代になり、愛情とは何なのかという大切なことを、子どもに以心伝心で伝えられなくなっている親が増えてはいないだろうかと心配になる。

内弁慶の甘えん坊だった私は、小学三年生くらいになると体も大きくなり、今度はすっかりガキ大将になった。毎日のように、放課後、四、五人の子分を家に連れて帰ってくるようになった。

今もはっきり憶えているのは、八畳間の机の上に、いつも必ずといっていいぐらい、四、五人分のおやつが置かれていたことだ。

妹の七五三で。左上が筆者。

あるときには、ふかしたサツマイモが十個ぐらい。あるときには駄菓子みたいなものがぽんぽんと置いてあった。

忙しかったはずの母が、私が学校から帰ってくるであろう時間になると、必ずそうやって子分たちの分までおやつを用意してくれていたのだ。しかもそれを一日たりとも欠かしたことはなかった。

そのときの私は当たり前のようにしか思わなかったが、今ふり返ると、毎日それをしてくれていたというのはすごいことだと思う。

始終そばにいなくても、心は私に向けてくれている。

机の上に置かれていたおやつは、その象徴のように私の記憶に刻まれている。

「派閥」のリーダー誕生

「ひとりで行くのはいや！」

小学校入学の頃に話を戻そう。

家の中では大変な腕白坊主でいばっていた私だったが、その分、知らない人ばかりの外の世界に対してはたいそう臆病だった。

昭和一三年の春。私は家の近くにある鹿児島市立西田小学校に通う一年生となった。

入学式が終わると、子どもたちはそれぞれのクラスの教室に入り、席に座った。

担任の先生のあいさつが始まった。式に一緒に出ていた保護者たちも、そこまでは教室の後ろで聞いていた。しかし、ひととおりの話を終えると先生は、「では保護者のみなさまは、先にお帰りください」と言った。

私は焦った。教室の後ろにいた母をぱっとふり返ると、工場の仕事が気になっているのだろう、さっそく帰ろうとしている。

その姿を見るや、私は席を立ち、うわーっと泣き声を上げてその背中を追いかけた。先生やクラスの子どもたち、保護者たちの視線がいっせいに自分に注がれるのを感じたが、かまってなどいられない。母が自分だけ置いて帰っていくなんて、考えただけで耐えられず、涙があふれ出てきた。

母はどんなに困り果てたことだろう。帰るに帰れなくなり、私の目が届く教室のすみに一人ぽつんと立っているほかなくなった。

何年たっても母は、このときのことをふり返っては「あんなに恥ずかしかったことはない」と言ったものだ。

その後も私は、毎朝「学校にひとりで行くのはいや！」とごてて、登校をしぶった。しかたなしに、母が初めの何日間かは学校までついてきてくれた。そのときも、母が帰ろうとするたびに私がわーっと大声で泣き出すものだから、母も、担任の先生も相当困ったに違いない。

春から四年生になった兄が、いやがる私の手を引いて連れていく日もあった。私は学校へ行くのがいやだから、どうしてものろのろ歩きになる。それなのに兄は「早くしろ、早くしろ」と私を急かし、なかなかついてこないと、ついには放ったらかして先に行ってしまう。すると私はまた「うえーん」と泣き出す。そのくり返しだった。ときには、同居していた兼一おじさんがピンチヒッターとなり、泣いていやがる私を自転車の台に乗せて、学校に連れていってくれた日もあった。

このように、家とは違い、外ではからっきし元気がなかった私も、勉強の成績はよかった。一年生の終わりにもらった通知表は、オール「甲」。甲、乙、丙、丁の四段階のうち、一番いい甲ばかりが並んでいたのだ。

両親は大変驚いた。「うちの親戚に、こんなにできる子は今までいなかった」と母は手放しで喜び、近所の人たちにもふれ回った。「弱虫で困った子だ」と心配していた分、嬉しさもひとしおだったのだろう。

中派閥のガキ大将心得

初めのうちこそ登校をしぶり家族の手を焼かせていた私も、しだいに学校が面白くなってきた。少しずつ友だちができ、みんなで遊ぶのが楽しくなってきたのだ。

二年生になる頃には、クラスの中が家のように感じられてきて、だんだん家と同じようにわがままが出始め、やんちゃな面も発揮するようになった。前述のように数人の仲間のボスとして振る舞い始めたのもこの頃からだ。

当時の遊びと言えば、家のそばの川での魚釣りや、戦争ごっこ。特に戦争ごっこは男の子たちの定番の遊びだった。

私の小学校時代は、日本が太平洋戦争に向かっていく真っ最中だった。

子どもたちはみな兵隊さんたちが直立不動でする敬礼や手旗信号に憧れ、遊びの中でもよく真似たものだ。斥候《せっこう》役、工兵役というふうに役割を決め、草で作った勲章を胸につけるなど、今のようにおもちゃがない時代なりに、なにかと工夫して遊んでいた。

けんかも日常茶飯事だった。

男の子の世界では、けんかの強さで序列が決まっていく。私はガキ大将ではあったが、クラス一のガキ大将にまではなれず、せいぜい小派閥か中派閥の大将だった。

当時の私にとっての一番の関心事は、大将としてどうやってその派閥を掌握し続けるかということだった。

私が率いる派閥は、家の近所の子どもたち五、六人からなる、成績は中もしくは下という子たちの軍団だった。その子分たちを日頃からいたわり、要所要所で飴やらキャラメルやらを配るといった心配りを忘れなかった。

それでも子分たちは、いつまでも無条件についてきてくれるわけではない。私が少しでも卑怯なところを見せれば、見放して去ってしまう。それを阻止するためには、負けが初めからわかっているけんかも、勇気を奮い起こして買って出なければならなかった。しかしそのけんかに負けると、やはり子分たちは去っていく。笑えるほどあっけなかった。

けんかのたびに子分たちの数が減ったり増えたり。子どもながらに波瀾万丈、笑いと涙の日々だった。

思えば私はこの頃から、遊びを通じて、集団を率いるリーダーとしてのあり方を、少しずつ学んでいたのかもしれない。

成績は低空飛行

一年生のときに、両親が驚くほどの優秀な成績でスタートした学校生活だったが、その後は卒業に至るまで、このように毎日遊びに明け暮れ、まるで勉強などしなかった。そのせいで成績は低空飛行が続いた。両親が何も言わなかったものだから、それをいいことにますます遊びほうけた。

第一、わが家には本というものが存在しなかった。

印刷業という父の仕事柄、家の中に紙や活字はあふれかえっており、おかげで私は漢字は読めたほうだったと思う。しかし本ということになると、大人向けのものも子ども向けのものも、ほとんどなかった。漫画くらいは買ってもらっていたと思うが、友だちの家に遊びに行き、書棚に文学全集のようなものが並んでいるのを見ると、自分の家との違いになんだかうらやましいような、複雑な気持ちになった。

今でも、子どもの頃にたくさん本を読んだ人の話などを聞くと、その人の人生にさぞいい影響があったのだろうなあと感じる。家にたくさんの本があり、気が向いたら読めるような環境というのは、子どもの教育には非常に大事なのではないかとつくづく思う。

子どもの頃、一度、父に聞いてみたことがある。

「どうしてうちには本がないの？」

父の答えは単純で、「本では食えない」だった。

あまり学業重視の親ではなかったのだろう、父も母も、勉強に関しては一切干渉しなかった。成績がどんどん下がり始めてからも、「勉強せい」とは、ただの一度も言われた記憶がない。

両親とも小学校しか出ていなかったからかもしれないし、何より家業が忙しく、それどころではなかったのだろう。

着物を売る母

戦火で工場を失って

一九四五年八月、日本は終戦を迎えた。

鹿児島も空襲によって焼け野原となり、食糧、生活物資のすべてが欠乏した。

その中で今度は、敵国に勝つためではなく、自分たちが生き抜くための闘いが始まった。

私はその前年に中学受験に失敗し、やむなく国民学校高等科に進学した。惨めな気持ちで過ごしていたその年の暮れ、当時死病と恐れられていた結核にかかった。しかし戦後の混乱を一家で命からがら乗り越えていく過程で、いつのまにか治癒していた。

このことについてはあとでまた書くとして、まずは家族の戦後の奮闘をふり返ろうと思う。

父は戦火で自宅と共に工場を失ってしまった。印刷機械がすべて灰になり、仕事ができなくなったのだ。父は茫然自失とし、すべてのやる気をなくしてしまった。

母は、毎日のように「印刷屋をまたやりましょう」と、父に懸命に頼んだ。ところが父は、決して「うん」とは言わなかった。なぜなら、また新しい印刷機械を買う必要があり、そのためにかなりの借金をしなければならなかったからだ。石橋を叩いても渡らない慎重派の父には、借金するなどとんでもないことだったのである。

実直な父はまわりからの信頼がとても厚かったため、銀行は「稲盛さんならお金を貸してあげますよ」と言ってくれていたそうだ。にもかかわらず、父は首を縦には振らなかった。

あれこれと説得を試みる母に、「おまえは何を言っているんだ。戦争で経済がめちゃくちゃになっているときに、銀行から金でも借りて、もしうまくいかなくなったらどうする」と言うばかりだった。

「うちは子どもが多いのだから、ともすると一家離散という悲惨なことになってしまう。

そんな危険なことができるか」というのも、父の言い分だった。

働き者の父を長年頼もしく思っていた母にしてみれば、何ともじれったい思いだっただろう。

「私も働く。一緒に働くから、また前のようにやりましょう」

母がいくらけしかけても父の気持ちは変わらなかった。

貯金が紙くず同然に

父はもともと、資産は現金で貯蓄しておく主義だった。小学校を出てすぐ丁稚奉公に出、お金のないことのつらさが身にしみてわかっている父には、コツコツと稼ぎ出したお金が何よりも信頼のおけるものだった。

いつも母に言っていた。

「わしは五十になったら、もう仕事はせん。銀行利子で食っていく」

印刷業という薄利多売な商売の中でも、父は少しずつ老後に備えてお金を貯え、銀行に預けていたようだ。

戦前、わが家にまだお金の余裕があった頃、近所に何軒も売りに出ている空き家があり、母はそれをぜひ買いましょうと父に提案した。

「お金は半分残して、あとの半分で土地か家を買っておきましょうよ。そうすれば貸し家ができて、万一のときには家計の助けになるでしょうから。それにね、この間も、家と土地を買いませんかと、人が訪ねてきましたよ。今なら捨て値で買えますよって」

あちこちからそういう話が持ちかけられ、そのたび母はその気になっていた。

しかし父は、「何を言っている。物などあてにならん。お金が一番大事だ」の一点張りだった。「金には利子がつくが、家や土地にはつかない。何年たっても殖えはせん」というのが、いかにも父らしい主張だった。

二人はこのことについて、しょっちゅう言い争っていた。

父がそれほど大事にしていたお金が、戦後の予期せぬハイパーインフレにより、あっというまに紙くず同然になってしまった。

さらに追い打ちをかけたのが、いわゆる「新円封鎖」だった。新円が発行され、一人あたりいくらという形で新しいお札が配られると、古いお札はもはや何の役にも立たなくなった。

「お金が一番」と信じていた父は、大事にしていたものに何の価値もなくなり、すっかり肩を落としてしまった。

「だから私が言ったでしょう。あのとき家を買っておけば、いくらかでも家計が助かったのに。私がどんなに言っても買わなかったんだから」

母が父に愚痴を言っている姿が、私の記憶にもある。そんなとき、父はいつも、ただ黙って聞いていたように思う。

塩や着物を売りながら

仕事もお金も失ってしまったわが家だったが、いつまでも茫然自失としてはいられない。私たちきょうだいは七人、両親を入れて九人家族だ。さらに祖父と、両親を亡くしたいとこが一人同居していたから、十一人という大所帯だった。収入がないままでいいわけがなかった。

結局、私たちは疎開先に転がり込み、生活苦との格闘の日々が始まった。

父は自家製の塩を売ってお金を稼いだ。

作り方はこうだ。ドラム缶を切り、釜を作る。そこで、廃材を燃料として海水を加熱し、蒸発させて塩を取り出す。

この塩を家に買いに来る人もいたし、こちらから農村に出向いて売って歩き、米やサツマイモ、醤油、お茶などに換えてもらうこともあった。換えたものは、家族の分を残し、また売りに行った。

母も母なりに、家族を養っていくための道を考えた。

田舎の人たちが何を必要としているかと考えたときに、母は衣類だと思いついた。

そこで、ヤミ市のようなところに自分の着物を持っていき、田舎の人に売って、代わりにお米をもらってくるようになった。

戦前のわが家は、贅沢ができるほどではなかったにせよ、それなりに豊かで、母は上等な着物をたくさん持っていた。戦後はそれを次々に売って、家族を養ってくれたのだ。

自分の着物をすっかり売り尽くしてしまうと、今度はヤミ市で着物を仕入れ、それを田舎へ持っていき、物々交換で食糧と代えてきた。

母はもともと丈夫なたちではない。胃腸が非常に弱く、体質的には虚弱だった。性格もやさしく、もともとはどちらかというとおとなしいほうだったと思う。

その母が、戦後の困窮という火急のときには敢然と立ち上がり、打開していく力を発揮した。満員の復員軍人がたくさん乗っているぎゅうぎゅう詰めのバスに毎日乗り、二年もの間、田舎に足を運んでいたのだ。

あの小柄で華奢《きゃしゃ》だった母の体のいったいどこに、あの比類ない勇気・剛毅な精神力が宿っていたのだろうと、今でも不思議に思うくらいである。もともと持っていた性質だったのだとは思うが、やはり何よりも家族を思う気持ちが、母を突き動かしていたのは間違いない。母の必死の献身のおかげで、私たち一家は路頭に迷わずに済んだといっても過言ではない。

そんな日々の中でも、母は私と兄には学校へ通わせた。しかも毎朝、弁当を作って持たせてくれた。どんなに寒い朝でも、畦道《あぜみち》を抜けて広い道に出るまで、私たちきょうだいを送り出してくれたものだ。

近所の人たちは、そういう母の姿を見て、「子どもが何人もいるのに、どうしてそこまでしてお兄ちゃんたちを学校に通わせ続けるのか」と言いもしたようだ。しかし母は、一度学校に入れた子どもたちを卒業させるのは、親として当たり前だと思っていた。

紙袋売りの坊や

父の反対を押し切って

昭和二三年二月、私たち一家は疎開先からもとの薬師町に住まいを戻した。焼け跡に家を建ててくれる人が現れたおかげだった。

ちょうどその春に中学を卒業した私は、両親に高校に進学したいと言った。

父は言った。

「お前ももうその年なのだから、うちの暮らしが楽でないことくらいわかるだろう。お父さんは、今みたいな世の中では大した仕事を見つけられず、相変わらず塩を作って売るばかりの生活だし、お母さんが売っていた着物だってもう底をついた。それでも小さな体で買い出しに行き、幼いきょうだいたちの面倒を見ている。そんなときにお前を高校にやるわけにはいかん。すぐに働け」

しかし私はあきらめられなかった。兄も鹿児島実業高校へ通っていたし、父が戦前のように印刷の仕事を復活させないことにも、少し歯がゆさを感じていた。

そこで父に言った。

「貧乏してでも私を高校まで進ませてくれるのは、親の務めではないか。旧制中学は五年まであったんだ。もう少し勉強したい。絶対に進学したい！」

すると、父の平手がほほに飛んできて、次の瞬間には家から放り出されていた。

平素は無口で穏やかな父を、そこまで怒らせてしまったのだ。コツコツ努力すればその分報われるという生き方をしてきた父は、戦後の思うままにならない窮乏した生活に、心まで追いつめられていたのだろう。また、まだまだ幼ない子どもたちがいる中で、家族の将来について大きな不安を抱いていたのも当然だ。

そんな出来事がありながらも、父は最終的に私の希望を通してくれ、私は晴れて鹿児島市高等学校に進学することができた。〝最後の砦〟だった祖父から譲り受けた土地を父が売り、それを進学資金にしてくれたおかげだった。

そこまでしてくれた父に感謝して勉学に励むべきだったのに、まだ十五歳の元気盛りの私は、なかなかそうはできなかった。入学してからは、結局また、友だちとの遊びに明け暮れる日々に戻ってしまった。

母の言葉で一念発起

その頃にはもう、子どもたちの遊びの世界から、戦前は主流であった戦争ごっこは姿を消していた。

代わりに流行ったのは、平和な野球だった。

子どもたちの憧れは、巨人軍の川上哲治選手をはじめとする、実力ある野球選手たち。彼らは絶大な人気を誇る国民的スターだった。テレビ放送こそまだなかったが、ラジオなどを通じて伝わる彼らの活躍は、少年たちの心をこの上なく興奮させた。

高校の放課後、毎日のようにあたりが暗くなるまで友だちとの草野球に夢中になった。

立派なボールやグローブなどないから、道具はみな、身近に手に入る材料を使った、にわか作りだった。

ボールは、仲間の一人である靴屋の息子がいつも作って持ってきた。革靴に使う革ぎれを、ゴムバンドでぐるぐる巻いたものだった。ミットやグローブは、仲間が母親や姉にぼろきれを縫って作ってもらったもの。バットは木切れや校舎の窓枠を利用した。

投げるのがうまかった私は、中学時代からの野球仲間だったもう一人の友だちと交代でピッチャーを務めた。ガキ大将時代以来の面倒見のいい性格からか、ポジションを割り振るのも私の役目だった。

このときの私には大学に進学するつもりはなく、高校を卒業したら地元の鹿児島銀行に就職したいと思っていたので、勉強はそっちのけだった。

そんな日々が続いていたあるとき、母が帰宅したばかりの私を呼び止め、改まった口調でこう言った。

「和夫ちゃんは、お父さんとあれだけ高校に行くか行かないかで言い合いをしていたのに、行ったと思ったら、今度は野球ばかりして遊んでいる。お友だちの家は豊かかもしれないけど、うちはそうじゃないでしょう。きょうだいも多いし、貧乏でとても困っているの。それなのに、和夫ちゃんはよく、野球ばかりして遊んでいられるね」

決して叱る言い方ではなく、あくまでも静かに諭すような言い方だった。

野球は金輪際やめなさいとか、家の手伝いをしなさいと指示したわけでもなかった。

それだけに、母の言葉はかえって私の胸に強く響いた。「悪かった」という思いが、どうしようもなくこみ上げてきた。

母の背中には、生まれたばかりの末の弟がおぶわれている。その弟を出産した翌月から、母は米のかつぎ屋を始めていた。そんなにまでして母は、一生懸命に苦労して家族を守っている。

それなのに私は、次男坊でありながら妹や弟の面倒も見ず、高校に行かせてもらい、しかも勉強もせず遊んでばかりいたのだ。

——これではいけない。

私ははっと目を覚まされた気持ちになり、家計を助けるため

高校時代、親友（右）と。

に何か自分にできることを始めようと決心した。

紙袋作りを再開する

何をしようかと考えたときに、思いついたのは、お菓子などを入れる紙袋を父に作ってもらい、それを売り歩くことだった。

紙袋作りは、うちにとって初めてのことではない。戦前、家で工場を操業していたときに、自動製袋機を使って作っていた。紙の束をベルトコンベアーのようなものに乗せると、自動的に裁断され、袋になって出てくるというすぐれた機械だった。

その機械は戦争で灰燼《かいじん》に帰してしまったが、工場に機械が導入される前は、近所のおばさんたちを雇い、みんなで手分けして手作りしていた。機械はなくとも、そのときのやり方でまた作り始めればいいのではないかと私は考えたのである。

手作りしていた頃の父の紙さばきは私も見ていて、よく憶えていた。全体重を包丁にあずけ、五百枚くらいの紙を一気に裁断する。それをおばさんたちがサイズ別に折り、糊付けして袋に仕上げていた。

「もう一度、紙袋をやろう。ぼくが売るよ」

父は案の定、すぐには首を縦に振らなかった。

この頃、父は、かつて繁盛していた「稲盛調進堂」の信頼をバックに、ヤミの紙を買い入れ、それを裁断する仕事を細々と始めていた。戦前のように独立してではなく、内職としてだった。

「お父さんは腕が確かなのだから、もう一度、自分で工場を持ってやったらどうですか」と、母はなおも、ことあるごとに父に言っていたが、父の慎重な性格は変わらないどころか、戦後ますます、危険は決して冒すまいという気持ちが強くなっていた。紙を横流しするヤミの商売があることも知っていたが、父がその種のことをするはずはなかった。

それでも父は、私が何度も頼み込むうちに、ようやく紙袋作りを復活させる気になってくれた。母が苦労している姿を見ていたからでもあるだろう。

父の決心さえつけば、あとはとんとん拍子だった。父にとっては、なにしろ「昔とった杵柄《きねづか》」だ。自動製袋機が導入される前、手作りしていた頃の勘をすぐに取り戻し、その技術をいかんなく発揮し出した。腕はなおも健在だった。

糊付けをするのは母の担当だった。母の作業の器用さにも目を見張るものがあった。そのうちに近所のおばさんたちにも袋貼りの内職をお願いするようになり、紙袋作りはしだいに軌道に乗ってきた。

ヤミ市の人気者

私の役目は、両親とおばさんたちが仕上げた紙袋の行商だった。

紙袋は大小さまざまなサイズで十種類ぐらいあったと記憶している。「稲盛調進堂」のマークが入ったそれらを二、三十枚ずつの束にして竹で編んだ大きな籠に入れ、自転車の荷台にどさっと乗せた。

この頃の自転車は今のデザイン性の高い自転車と違い実用が重視されていたため、荷台がかなり大きかった。そこに紙袋を乗せられるだけ乗せていたものだから、荷台が重くなりすぎて、走り出すと前輪が浮き上がりそうなくらいだった。

小学校以来、すっかりガキ大将になった私だったが、もともとの内気で臆病な性質も残っていた。ましてものを売り歩くのは初めての経験だったから、始めたばかりの頃はとても恥ずかしかった。途中で知り合いに会うのはとてもいやだったし、入っていった店で自分と似た年頃の女の子が出てきたりすると、そのまま逃げ帰ることもあった。

だから、以前から知っていた駄菓子屋さんのおばちゃんのところへ売りに行くときは心が和んだのを覚えている。

初めのうちは、手あたり次第に目に入った商店の店先に飛び込み、「ごめんください、紙袋はいりませんか」と聞いて歩いていた私も、それではあまりにも効率がよくないことにすぐに気づいた。

そこで自分なりに戦略を練ることにした。その戦略とは、鹿児島市内を七つの地区に分けるというものだ。

なぜ七つかというと、一週間は七日だからだ。七か所それぞれの地区に、回る曜日を決め、月曜日はこの地区、火曜日はその隣の地区というふうに、毎週同じ曜日に同じ地区を回るローテーションを組んだ。

この方法は正解だった。相手も決まった曜日に私が来るとわかっているので、注文しやすくなったのだろう、売り上げはどんどん伸びていった。

平日は高校から寄り道せずに帰り、すぐに自転車で出発した。日曜日も休みを返上し、朝から行商に出かけた。

毎日たゆまず続けていた成果で、あちらこちらに得意先ができた。大きなお菓子屋さんはもちろん、細い路地裏の駄菓子屋さんに至るまで、すっかり顔なじみになるのにたいした時間はかからなかった。

当時はまだヤミ市が方々にあり、大きなところだけでも鹿児島市内に五、六か所あった。私はそこでもどんどん顔なじみを増やしていった。ヤミ市ではまとまった商売ができるのが魅力だった。

どのヤミ市にも必ず全体を取りしきっているような威勢のいいおばさんがいて、その人たちは私が行くたびに「坊や、よう来た、よう来た」と言って、紙袋を奪うようにして買ってくれたものだ。たまに、売り残りの紙袋が自転車の荷台にあるのを見つけると、「今日はみんな置いてき」と言って残らず買い取ってくれた。ほかのおばさんたちに私を紹介してくれることもしばしばあった。

私は「紙袋売りの坊や」と呼ばれ、おばさんたちの間ではちょっとした人気者だったのである。

流通の仕組みを知る

その頃になると、初めて飛び込んだ店でも、既に先方が私のことを人づてに聞いて知っているということが増えてきた。

ある日、自転車をこいで次の行き先に向かう私を、店先から呼び止めるおばさんがいた。

「あんただね、袋を売っとる坊やというのは」

おばさんの店は、お菓子の問屋さんだった。そこには毎日のように県内各地の駄菓子屋さんがお菓子を仕入れに来ており、その人たちはついでに、「商品を入れる紙袋もほしい」と言って、まとめて買っていくのだそうだ。

そこでおばさんは、「うちにあんたの紙袋を入れたらいいよ。簡単によその何倍も売れるようになるよ」という話を、私に持ちかけてくれた。

世の中に「卸し」というものがあるのを、それまで私は知らなかった。「なるほどなあ、そういう仕組みがあるのか」と感心し、おばさんの提案をありがたく受けることにした。

この問屋の棚にうちの紙袋をサイズ別に入れておき、なくなったら補充するというやり方でさっそく取引を始めた。

するとすぐに、小売店を一店一店回っていたときとは比べものにならないほど大量の紙袋をさばけるようになった。それまで一日かけてさばいていたのとほぼ同数の紙袋が、この一軒の問屋で一度に買ってもらえるようになったのだ。

値段は叩かれたものの、その分は数でカバーできたし、何よりも流通というものの仕組みを実地で理解できたのは得難い経験だった。

まもなく、この取引のことを聞き及んだらしい別の菓子問屋さんが「おい、坊や。おまえ、あの問屋に卸しているそうじゃないか。うちにも持ってきなさい」と言ってきて、その人からも同様の注文をもらえるようになった。

大量の注文に、父も私もてんてこ舞いの日々が始まった。

私が行商を始める前は、鹿児島市内の紙袋は北九州の大手の紙問屋が一手に引き受けていたそうだ。その紙問屋を、私はたったの一年で駆逐してしまったらしかった。

人生初めてのビジネス

今思えば、紙袋の行商は、私にとって人生における初めてのビジネス体験だった。当然ながらビジネスの知識など何もない状態で始めたわけである。原価とか、売値とか、利益といったことのメカニズムを少しでも知っていたなら、もっと数字を伸ばせただろうと思う。

当時の私は原価のなんたるかも知らずに、値段をもっぱら父との相談で決めていた。ヤミ市のおばさんに「もっと負けて」と言われれば、断り切れずに値引きしていた。

売り上げ金は、夕方家に帰るとそのまま「信玄袋」に詰めて、父に渡した。勘定はすべて父まかせだったから、儲かっていたのか、いなかったのかもわからない。でもあれだけ順調に売りさばけていたのだから、おそらく相当儲かっていたのではないかと思う。

父はいつもご機嫌な顔で、私から受け取った「信玄袋」から札を取り出し、一枚一枚ていねいにしわを伸ばして、その日の売り上げの勘定に精を出していた。

二年目に入る頃には人手がもっとほしくなってきた。

そこで自分より二つ年下の、中学を出たばかりの男の子を一人、手伝いとして雇うことにした。

私はその子のために新しい自転車を一台買った。当時のお金で一万円以上という高額の買い物だった。今で言うと軽四輪を一台買った感覚だったかもしれない。

ところが、「自転車に乗れる」という条件で雇ったはずなのに、その子は実際はまったく乗れなかった。さっそく家の隣の学校の校庭で、毎日、私が後ろを押して練習させた。

二人で営業に回る生活は一年ほど続いただろうか。私は高校三年生になり、そろそろその仕事を辞めることにした。大学進学を考え始めていたからだ。

当時、兄は国鉄に勤めていた。しかしちょうどその頃に体調を崩し、いい機会だからということで、紙袋売りを手伝ってもらうことになった。

兄が仕事に慣れてきたのを見計らい、私の仕事は、兄と手伝いの男の子にすべて譲った。その後、兄は紙袋の卸し先の一つだった菓子問屋さんに「うちで働かないか」と声をかけられ、そこの専務として店を切り盛りするようになった。

何がどういう縁につながるか、人生とはわからないものだ。

第二章

両親から受け継いだもの

バランスのとれた夫婦

正反対の二人に似て

私の人生に最も影響を与えた人物は、と問われたら、迷わず「両親です」と答えるだろう。

二人とも小学校しか出ていないが、すばらしい人間性を持っていた。

無口な慎重派で、正義感が強い父。明るく快活でやさしいが、いざというときには大胆な行動にも出る芯の強い母。性格は正反対といってよかった。

私自身は、そのどちらの性分も受け継いでいる。

手堅くものごとを進める企業家としての姿勢は父ゆずりだ。特に、借金を徹底的に嫌った父の慎重な性格は私にも受け継がれている。

一方で、私には母からの影響も色濃くある。逆境に置かれても常に明るさを失わずに前向きでいられるところは母ゆずりではないかと思っている。

性格だけではない。ヤミ市で着物を仕入れ、田舎で物々交換をすることを思いついた母には、生まれながらの商才もあったように思う。

戦前、家や土地を買っていざというときに備えましょうと父に提案したところにも、母の商才がかいま見える。

子どもの頃の私は、自分がのちに経営者になるとは考えてもいなかったが、今にしてみれば、母親のそういう血が、私の経営にも生きているとも思う。母のやさしさ、勇気、剛毅なところも私はすべて受け継いでいて、会社を経営する上で非常に役立ってきた。

両親二人のいいところばかりもらった私は、実に幸せな人間ではないだろうか。そう思うと感謝の気持ちがとめどなく湧いてきて、思わず亡き両親に手を合わせてしまう。

父と母の結婚

父親の畩市は、明治四〇年（一九〇七）の生まれである。

父は長男で、その下に弟が三人という、男ばかりの四人兄弟だった。田舎に住んでいた父の一家は、あるときから鹿児島市内に移り住み、父を印刷屋に丁稚奉公に出した。大正七年（一九一八）、父がまだ十一歳、尋常小学校を卒業してすぐのときである。

家計を助けるために、父は懸命に働いた。生来まじめな父は黙々とよく働き、仕事も几帳面そのものだったから、常に厚い信用を寄せられていた。

結婚したのは昭和三年（一九二八）。二十一歳のときだ。父の母親、つまり私の祖母にあたるイセヅルが、昭和二年（一九二七）、父が二十歳のときに、四七歳で他界したのがきっかけだった。

父の父親、つまり私の祖父・七郎にはそのとき再婚話があったようだ。しかし、七郎が再婚するよりは、まだ子どもだった弟たちの面倒を見てくれる若いお嫁さんがいたほうがいいだろうということで、長男である父が結婚することになったのである。

そのお嫁さんというのが、私の母、キミである。父より三歳下でまだ十九歳だった。

母が小柄で華奢なのに対し、父は背が高く、ハンサムだった。母は友だちに「あなたのご主人は美男子やね」と言われ、得意になっていたそうだ。

父の三人の弟たちは、そのとき十六歳と、小学四年生と、一年生。母親代わりに面倒を見てほしいと言われても、うら若き母にはさぞ荷が重かったに違いない。

その頃、七郎は行商の仕事をしていたが、稼いだお金は一銭も家に入れずにのんきな日々を送っていたらしい。七郎がそんな調子だったから、弟たちの学費は長男である父が親代わりとなって捻出していた。ただでさえかつかつの収入を、母が懸命にやりくりしていたのだ。

しかし母は生来面倒見がよく、また苦労を苦労と思わない気丈さを持っている。家事や弟たちの面倒でてんてこ舞いしながらも、明るさを失わず、父の仕事まで手伝った。

赤ん坊も次々に産んだ。昭和四年には兄の利則が、昭和七年には私が生まれた。私が生まれたときに、役所に届け出るのを忘れていたくらいだから、当時の両親がいかに多忙であったか容易に想像できる。

士族の屋敷街に家を買う

私が生まれる二年前の昭和五年(一九三〇)は、世界大恐慌の年だった。

日本も大変な不況になり、印刷屋も次々に倒産していった。父が奉公していた印刷屋はかろうじて倒産を免れていたが、まさにちょうどその不況の中で、父は自分の印刷工場を持ち、独立を果たした。

保守的で慎重な父に、なぜそんなことができたのか。

決して自分の意志ではなかった。既に書いたように、父の独立を強く勧める紙問屋の存在があったからだ。

印刷屋に紙を納めることを業務とする紙問屋は、出入りの印刷屋が倒産するとその債権を回収するため、印刷機械などを差し押さえにした。しかし機械を差し押さえたところで、紙問屋にはそれをどうすることもできない。

そこでその紙問屋は、非常にまじめな印刷工であった父に目をつけ、こう話を持ちかけたのである。

「あんた、印刷機械を貸してあげるから、独立して印刷屋を始めたらどうや」

父は、「お金がないから」と言って断った。しかし紙問屋は「いや、その点は心配いらない。お金は少しずつ返してくれればいい」と、なおも勧めた。

こうして父を深く信用していた紙問屋の好意で、父は自分の印刷屋を開業するに至ったのである。

その頃一家が住んでいたのは、地元の人たちに「島津住宅」と呼ばれていた住宅街だった。過去七百年もの間、薩摩、大隅《おおすが》、日向《ひゅうが》の三州を統治していた島津藩の下級武士たちが住んでいた地域で、広々とした田園地帯の一画にあった。

島津住宅に立ち並ぶ屋敷には、その頃もいわゆる「士族」たちが住み、一軒一軒、立派な生垣に囲われていた。

父が印刷屋を始めたちょうどその頃、隣の家が空き家になった。買い手がつかないので、そこを買ってくれないかと頼まれた。

父はいつものように「買うつもりはない」と断ったが、ほかに買い手がなかなか見つからない。しまいには父の言い値で家主と話をつけていいことになり、事業が順調に回り始めていたことから購入を決めたそうだ。

それまで住んでいた家は工場にし、新しく買った家のほうを住まいとした。

その新しい家が、私の思い出深い生家となったのである。

無借金主義は父譲り

父の工場には、その後、活版印刷機械、自動製袋機など次々に新しい機械が導入され、業務の範囲は広がっていった。

これらの機械も父が自分から欲したものではなかった。父の実直さを見込んだ人物に、「お金があるときに少しずつ払ってくれればいいから」と熱心に勧められ、そのつど半ば断り切れない形で渋々導入したものばかりだった。

父はその性格上、人様にお金を貸すことはあっても、お金を借りたりすることは一切なかった。

前にも述べたが、慎重な性格は私にも受け継がれたらしく、企業経営においては借金をしないことを信条とし、京セラは早い時期からずっと借金なしでやってきた。

私の人生で借金をしたといえば唯一思い当たるのは、京セラ創業時に、西枝さんという方に操業資金を工面していただいたときのことだ。

実は、私が京セラという会社を作れたのも、その西枝さんというすばらしい方との出会いがあったおかげである。

京都御所の近くに、現在も立派な西枝さんの家屋敷がある。西枝さんは、その家屋敷を担保にして、一千万円借りてくださった。

なんとありがたいことだっただろう。しかし私は、そのままでは居心地が悪くてならなかった。早く返そう、返そうと焦った。

生まれたばかりの京セラという会社は、まだいつなんどきつぶれるかわからない状態だった。もしつぶれてしまっては、せっかくのご厚意をくださった西枝さんの家屋敷が銀行に取られてしまう。絶対にあってはならないことだ。とにかく早く返さなければと必死になった。幸いにも最初の年に出た利益を使えば、三、四年ぐらいの間にすべて返せると考えていた。

若い私は、それがどんなに難しいことかを知らなかった。利益のうち半分が税金で取られることをあとで知ったのだ。国は何もしてくれないのに、税金だけは持っていく。それが悔しくてならなかった。

そんな私に西枝さんは笑って言った。

「あんた、何を言うとる。返さんでもええんや。あんたが事業を発展させて利益が出る。

そうすれば、利子だけ払い、銀行から新たな融資を受けて、さらに事業を拡大させていく。元金を返すのはそのときになってからでもいいんやから、そんな返す、返すと焦らんでええんや」

こうも言われた。

「事業家っていうのはそんなもんやない。お金を借りたらすぐ返す、返すとばかり言っているようじゃ、大きな事業家になれんよ。そんなんでは立派な技術屋であっても、いい経営者にはなれん」

しかし私は、西枝さんにどんなに言われても、早く返さないことには気が済まなかった。必死にがんばり、なんとか西枝さんへの借金は早々に返すことができた。

その後、京セラは早期に無借金経営を実現すると共に、現在は潤沢な内部留保を有する豊かな財務体質の企業となっている。これも父親の血を引いていたからであろう。

母のまとめ買いを諫める

父から受け継いだ性格が、企業家としての私に大きな影響を及ぼしていることを表す、もう一つのエピソードがある。

父の出身は、もともと鹿児島市内から十二キロほど離れた田舎だった。父たちが市内に住むようになってからも、そこには農業をしている多くの親戚が住んでいて、毎日のように市内まで来ていた。野菜をはじめとするさまざまな農作物を、大八車に乗せたり天秤棒で担いだりして、行商に来ていたのである。

田舎のおばさんたちは、夕方になると家に帰っていくのだが、売れ残りがあると、持って帰るには重いからというので、知り合いの家に必ず寄っていった。

わが家はちょうど、おばさんたちの帰り道にあたる市内でもやや外れのほうにあったから、遠い親戚のおばさんたちがよく「おキミさん、おられますか。ちょっと寄らせてもらいますね」と言って訪ねてきた。ときには、親戚でない人たちまでが訪ねてくることもあった。

そのたび母は「今日もご苦労様でしたね」と言ってねぎらい、お茶やお茶菓子でおばさんたちをもてなしたものだった。

農家のおばさんたちは、母が大変人が良く、親切なのをよく知っていたのだろう。いつも売れ残りの野菜を買ってくれるよう頼み込んだ。

「おキミさん、今日はこれだけのものが売れ残ってしまいました。安く置いていきますよ。

持って帰ってもしかたありませんから」

母はかわいそうにと同情し、「ああ、いいですよ。置いて帰ってくださいね」と言い、ありったけの野菜を買い上げていた。

季節によって、それは里芋であったり、大根であったり、サツマイモであったりした。母にしてみれば、夫の遠い親戚でもあるし、何と言ってもこれだけ安くしてくれているのだからという思いがあったのだろう。戦前で、まだうちの印刷屋がかなり繁盛していた頃だったため、お金の余裕もあった。そして何よりも、母には、目の前で困っている人を放っておけない情の厚さがあった。

当時小学生だった私は、そういう母の行いを見て、「なかなかいいことをしているな」と感心していた。農家のおばさんたちも喜んでいるし、母も安い買い物ができる。まさにいいことずくめだと、私の目には見えていたのだ。

ところが夕飯どきになると、父が台所に山と積まれた野菜をちらと見て、「また無駄なものを買いよったな」と言って怒った。無口でまじめな父がそのように怒りを見せるのは、めったにないことだった。

母は負けずに言い返す。

「あなたの遠い親戚の誰それさんが、わざわざここまで来られたんですよ。それにこの野菜は、市内の八百屋さんなんかと比べものにならないくらい、安くしてもらったんです。怒られる筋合いはありません」

すると父はむっとして黙り込んでしまうのだった。

そういうやりとりを、もう何度見たかわからない。

母が口答えしていたように、私にも父がなぜ怒るのか不思議でならなかった。

食べきれない芋のゆくえ

その理由を、私はある夏の日に知ることになった。

学校から帰ってくると、母が庭先の土を懸命に掘っていた。

母はいつも、農家のおばさんたちからたくさん買いすぎて食べきれなかったサツマイモや里芋をそこに埋め、長もちするようにと上から土をかぶせていた。

その日は、どうやらずいぶん前に埋めたサツマイモを掘り出していたらしい。

一人では手に負えないと思ったのか、そのうちに女中さんまで呼んできた。一緒に大きなスコップを持ち、よっこらしょと掘り出している。

土から出てきたサツマイモは、どれもこれもかなり傷んでいた。「あれあれ、大変。もうこんなに腐ってしまって」などとこぼしている。

母は、今度はザルを持ってきて、掘り出したサツマイモについた土を払い落としては、傷んだところを次々に包丁で削り落としていった。すると大きなサツマイモがみるみる小さくなってしまうのだった。

「ああ、もう全部だめだわ」とがっかりしながらも、母は気を取り直し、大きな釜で見るかげもなく小さくなったサツマイモをどっさりゆがき始めた。

そして、ほくほくのサツマイモを竹のざるに山盛りにすると、「さあ、お友だちを呼んでいらっしゃい。これをみんなにごちそうしましょう」と私に言った。

ガキ大将だった私は、近所に住む子分の友だちをみんな呼んで、山と盛られたサツマイモを得意げにふるまった。なにしろ育ち盛りの男の子ばかりだ。みんなお腹いっぱい食べ、大満足して帰っていった。

そういう子どもたちの姿を見て、母はやはり「よいことをした」と思っていたようだ。

今、必要な分だけを買う

工場のほうでいつも忙しくしていた父は、母のそういう姿をじかに見ていたわけではない。しかし、想像するだけでおおかた察しがついていたのだろう。

私もあの夏の日以来、父が怒っていた理由がわかった。「安く買ったと。何を言うとるか、おまえは」と言う父が正しかったのである。

要するに父は、母の「安物買いの銭失い」を戒めていたのだ。

子どもの頃に見たこの出来事から、私は「まとめて買えば、そのときは安く上がったように思うが、実はそうではない」ということを学んだ。

人間の心理とは面白いもので、たとえば「醤油を五升買えば安くします」と言われれば、ついつい買ってしまう。そして、使い切れないものだからわざわざ多めに使ってみたり、たくさんあるという油断から、乱暴に使ってこぼしてしまったりする。

しかし今使う分だけ買うようにすれば、それを大事に、無駄なく使うようになる。

だから今必要なのが一升なら、一升しか買ってはならないのだ。

私はこれを「一升買い」と呼び、京セラの経営においても原則としてきた。

私のやり方を愚かだと思った人もいたかもしれない。しかし私は、これを非常に有効なやり方だと信じている。

なにしろ、まとめて買わないようにすれば、在庫を抱えることがなくなる。

在庫を抱えるには、倉庫が要る。すると倉庫代がかかる。倉庫を管理する人の人件費もかかる。さらには金利も生じる。在庫がなければ、倉庫代も人件費も金利も要らない。だから、必要なときに必要な分だけ買うようにすれば、そのときは若干高くつこうと、結果的には安く済むのだ。

京セラでは、「一升買い」つまり当座買いが当たり前になっている。大企業ではきわめて珍しいことではないかと思う。

そうは言っても、母のあり方が単なる反面教師であったわけではない。

後先考えず、目の前で困っている人を助けたいと思うのは、私が人間にとって最も大事だと考える「利他」の心から来るものだ。

この「利他」の心こそ、世のため人のためによきことをしようという私の行動のベースとなっている。

すべての根底にあるべきもの、人として生きる上でいちばん重要なことを母は日々その姿で教えてくれていた。

理性的な父と、情に厚い母。

二人は実によくバランスのとれた夫婦だったのだと思う。

士族に木刀の心意気

薩摩の郷中教育

私が生まれ育った鹿児島、かつての薩摩藩は、七百年の長きにわたり島津氏の支配下にあった。

島津氏は家臣の子弟を薩摩武士に育てるために、「郷中《ごじゅう》教育」という制度を作ったが、世が移り薩摩が鹿児島に変わっても、私が育った戦前にはまだ「郷中教育」の流れを汲む男子教育の気風が、半ば空気のように残存していた。今ではあり得ない男尊女卑の考えであり、衣類をたらいで洗濯するにも竿に干すにも、男女のものを必ず分けていたほどである。

ただ、それだけに男子は「いざとなれば国のために戦い、勇気を持って命を捧げる存在」と考えられ、本人たちもその自覚を強く持っていた。

西郷隆盛や大久保利通も、この「郷中教育」を受けて育った薩摩男子だった。

西郷隆盛は私が心から敬愛する人物である。隆盛の人となり、生き方、考え方、すべてが私に大きな影響を与えている。

西郷隆盛は理想のリーダーであったと思う。すばらしい哲学を持ち、人に対して大きな愛情をもって接し、国家のあり方などについても含蓄の深い言葉をたくさん残した隆盛は、敵味方を問わず大変な尊敬を集めていた。

京セラの社是となっている「敬天愛人」は、西郷隆盛の言葉である。

「私が相手になってやる！」

既に書いたように、私たち一家の住まいと工場は、「島津住宅」と呼ばれる島津藩時代からの武家屋敷群の中にあった。

私が子どもの頃、つまり昭和初期になっても、そのあたりには薩摩藩の気風や、封建的な階級意識が依然としてあった。学校の出席簿に、氏名に続けて「平民」と「士族」を区別する欄まであったのを憶えている。薩摩は「士族ならでは夜の明けぬ国」と言われたが、その頃にもまだそういう空気が残っていたのである。

うちの両親は二人とも田舎の出で、もちろん士族ではなかった。それなのに印刷業でそこそこ成功したものだから、たまたまのご縁でその地域に家を買えた。

周囲はすべて島津家時代の武士の家。彼らには士族としての誇りもあった。そこへ農民出身の印刷屋が入ってきたわけだから、おそらく母は、相当に肩身の狭い思いをしながら近所づき合いをしていただろうと想像する。

私は私で、近所のどの友だちの家にもある刀が自分の家にないのが不思議でならなかった。友だちには「おれは士族だ」と言っていたが、自分の先祖の名や系図で具体的な証拠を示せないのがもどかしかった。

中には私を「足軽の子」とばかにする子もいて、その悔しさといったらなかった。

私の負けん気は、この頃の経験から来ているのかもしれない。

親戚から聞いた話なのか、親から直接聞いたのか今では記憶が定かでないが、強く印象に残っているエピソードがある。

父と母が結婚したばかりで、父の一番下の弟がまだ小学生で同居していた頃のこと。

ある日、この弟が顔から血を流しながら家に帰ってきた。

わが家から二筋離れたところに、旧制七高に通う高校生が住んでいた。父の弟がその家の近くで騒いでいたところ、その七高生が「うるさくて勉強ができん！」と怒鳴りながら出てきて、いきなり顔をぶん殴ったのだと言う。

この話を聞くや否や、母は父に、断固、相手の家に抗議に行くよう促した。

しかし生来おとなしい性格の父は、「弟がよほどうるさかったに違いないのだから」と、逆に弟を諫めるばかりだった。

しびれを切らした母は、とうとうみずから木刀を持ち出し、父の弟の手を引いて相手の家に乗り込んでいった。

玄関に入って「おい、出てこい！」と大声を上げ、七高生に向かって猛然と抗議した。

「七高という立派な学校に通い、教養も知識も備えた人間が、小さな子どもがただ騒いだからという理由で殴ってけがをさせるとはなにごとか！　けしからん。私が相手になってやる！」と。

この話を思い出すたびに、今でも不思議に思う。

私たちきょうだいをきつく叱ったことなど一度もなかったやさしい母のいったいどこから、そんな言葉が出てきたのかと。

このエピソードは、母の正義感の強さや勇敢さを雄弁に物語っているが、背景にはそれだけではないものがあったのではないかと思う。

七高生の家は郵便局をやっていたから、さぞ由緒ある家柄だったのだろう。島津住宅の一帯に住んでいたから、もちろん士族出でもあったはずだ。

このときの母には、おそらく単に幼い義弟が殴られたことへの怒り以上の感情があったのではないかと思う。義弟が殴られたときに七高生が放ったと想像される、差別的で居丈《いたけ》高《だか》な言葉に、我慢がならなかったのだろう。

その裏には、母自身が近所の人たちからそれとなく受けてきた差別への怒りもあったはずだ。

やさしく情の深い母にそこまでのことを言わせたのは、母の中にある正義感だったに違いない。差別や道理に反することが母には許せなかったのだ。そういうものに対してはきわめて潔癖で、前後を考えず立ち向かっていく人だった。

曲がったこと、理不尽なことを徹底的に嫌う性格は私にそのまま受け継がれ、京セラの経営を始めて以来の私を支えてくれている。

武士の魂と商才

私自身にもこんな思い出がある。

小学校に上がるまでは内弁慶で臆病だった私も、小学生になると友だちとけんかして帰ってくることが増えた。

けんかに負け、けがをしてきたり泣きながら帰ってきたりすると、母は決まって理由を問いただした。

「自分は正しいと思ってけんかをしたが、負けてしまった」と答えると、「正しいと思うなら、なぜ泣いて帰ってくるのか」とたしなめられた。

そして、そのへんの塀に立てかけてある庭ぼうきか何かを私に持たせ、「もう一回行って相手を殴ってこんか」と言って家から追い出そうとした。ためらっていると、頭をポカリとやられた。

男尊女卑の風潮がまだ残っていた当時の鹿児島には、亭主関白と言われ、家の外では夫を立てながら、その実、家庭では実権を握ってしっかり取り仕切る気の強い妻が多かったようだ。私の母もそういう妻の典型だったのかもしれない。

子どもたちにも、間違っていると思う相手には徹底的に挑ませようとした母は、女性ながら「武士の魂」を持っていたとも言える。

一方で、既に書いたように、母は商人としての才も豊かに持っていた。空き家を買っておけばのちのち家計の助けになるのではないかと考えたり、戦後の混乱期ではヤミ市での物々交換に力を発揮するなど、商売にかけるセンスと行動力は、慎重であることが最重要だった父よりはるかに上だったと言える。

また、母は、家計がひっ迫してくると、子どもたちに商売の手助けを要求することもあった。

私の母は、「武士の魂」と「商才」という、鹿児島という土地では決して同居しないとされた二つをそなえ持っていた。

不公平な先生

正しいと思うけんかをしてきたのに、泣いて帰るのは間違っている。

そういう母の考え方と同じものが、ふだんはおとなしい父親にもあった。

私の両親は、二人とも、私が正しいと思ってやっていることなら無条件に認めてくれる度量の深さがあった。

たとえば小学六年生のときに、こんな出来事があった。


六年生になったときに、クラス担任の先生が代わった。新しい先生は、顔の青白い、陰気な感じの先生だったのを覚えている。

夏になると家庭訪問があった。先生は、この日はこの地区というふうに日程を決めて、順番に回っていた。

私たちの地区を回ってくる日が来た。

下校時になり、先生はうちの地区の子どもたち十人ほどを連れて一緒に学校を出た。その後は順番に一軒ずつ家を回りながら、各家に子どもたちを返しつつ、その親と話をしていくという流れだった。

私の家は最後だったので、ずっと先生について歩いていた。回った家のほとんどは、私の子分である、出来のよくない子たちの家だった。

ただ一人だけ、違ったタイプの子どもがいた。秀才肌でおとなしく、顔立ちもいい、いわば「おりこうタイプ」の男子だった。

七軒目がその子の家だった。たいそう立派な家で、私たちは手入れよく刈り込まれた生垣の外で先生が出てくるのを待っていた。

ところが先生がいっこうに出てこない。道で遊んで待っていた私たちにも、さすがに真夏の暑さがこたえてきた。

いったい何をやっているのだろうと、玄関の戸をそっと開けて中をのぞいてみた。するとどうだろう。先生が畳の間にゆったり座り、お茶とおまんじゅうの接待を受けながら、見るからに上等な着物を着た母親と話している。話を切り上げる様子もなかった。

私はにわかに腹が立ってきた。それまで回ってきた八百屋や散髪屋では、先生は店先での簡単な立ち話だけでさっさと切り上げていた。

教育者たる者は、どの子どもの家でも同じ対応をするべきなのに、この差はいったいどういうことだろう。

最後に私の家に来たときも、やはり先生は玄関の上がり口にちょっと腰かけて短い話をしていっただけだった。

「正義」を守るための戦い

一度気になり出すと、先生の不公平な行いはいくらでも目についた。授業のときも、例のおりこう君には机のところにまで行って丁寧に教えるのに、私たち悪ガキには、「こんなこともわからんのか、ばかもん！」と怒鳴るだけだった。

「これはあってはならないことだ」と思った。

母親ゆずりの、間違ったことに立ち向かおうとする正義感が私の中にどうしようもなく湧き上がってきた。

「正義」のために戦わなければというやむにやまれぬ気持ちは、やがてその子自身に向かい始めた。今思えば何とも幼稚な思考なのだが、怒りに燃える少年にとっては、このおりこう君も、鼻もちならない「不正を行う一味の一人」でしかなかった。放課後、帰ろうとするおりこう君をつかまえては、毎日のように〝制裁〟を加えるようになったのである。

「おい、おれはちゃんと見ていたんだぞ。お前のお母さんは、家庭訪問のときに先生にぺこぺこ頭を下げて、長い時間接待していたじゃないか。だから先生はいつもお前を特別扱いするんだ。男として、そういうことは卑怯だと思わないのか！」

子分たちも、そうだそうだとうなずいた。

「先生はぼくを特別扱いなんてしていない」

おりこう君は、そう言っていつも泣きながら帰っていくのだった。

私の中には、多少のひがみもあった。

おりこう君は勉強もよくできる。お金持ちで立派な屋敷に住み、母親はいつもきれいな着物を着ている。

それに比べて自分はどうだ。

母のことは大好きだったが、印刷業の仕事が忙しく、品よくきれいな着物など着ていられないし、なかなか自分をかまってもくれない。それはほかの子たちも同じだった。

そんなある日、私たちは順番に先生に呼び出された。最後が私だった。

「おそらくあのことだろう」と覚悟しながら行くと、はたせるかな、いきなり先生に怒鳴られた。

「稲盛、みんなから全部聞いたぞ。おまえが先頭に立って毎日いじめていたようだな。先方のお母さんは、なぜうちの子がこんな目に遭うのかと、かんかんに怒っている。ごめんなさいでは済まないぞ」

返す言葉を見つけられずにいると、また次の言葉が飛んできた。

「あの子はおまえらと違って、おとなしいし勉強もできる。どこにいじめる理由があるのか」

私の口から正直な思いがついて出た。

「あの子が特別扱いされているからです」

えこひいきに抗議する

この言葉に、先生は激高した。

「なんだと、どういうことだ！」

「家庭訪問のとき、先生はあの子の家にだいぶ長い時間いました。ぼくたちの家にはちょっとしかいなかったのに」

「ばかもん！　生徒によっては長く話をする必要があるんだ。あの子のお母さんは、うちの子はおとなしすぎて気がかりだと言うから、相談に乗っていたんだ」

「教室でもそうです。先生はぼくたちがわかりませんと言うと決まって怒鳴るのに、あの子には怒らず、やさしく教えています」

「議を言うな！　おまえは、ひがんでいるだけじゃないのか」

この「議を言うな」というのは、目上や年長者に口答えした人間を叱るときに、薩摩でよく使われる言葉だった。

しかし私はなおも辞さない。

「いえ、先生のえこひいきです」

次の瞬間、先生のげんこつが飛んできた。さらに先生はよろける私の襟首をつかみ、三度、四度、平手打ちをした。私は床にころがった。

今ならこうしたことは「体罰」として社会問題にもなりかねないが、当時はよくあることだった。私の反抗的な態度も、確かに目に余るものだっただろう。

しかしこのときの私は、自分の「正義」を足蹴にされた悔しさでいっぱいだった。

「おれは悪くない、先生が悪いんだ。これは正義を守るための戦いなんだ！」

胸の中で叫ぶ私に、先生がとどめのひとことを言った。

「今回のことは内申書にも書いてやる。おまえを入れてくれる中学校などどこにもないから、そう思っておけ」

実際、先生がつけた小学六年生の最後の通信簿には、すべて「乙」と書かれていた。

正しいことは認めてもらえる

このあと母が学校に呼び出され、私は家に連れて帰られた。先生は母に、「お母さん、稲盛はこの学校が始まって以来のワルです」とまで言った。

母は、きょうだいげんか一つしない私が学校でそんなことをしていたなんてと、動揺を隠せない様子だった。

家に着くと、母は小声で父に報告した。

「和夫」

ついに父に呼ばれた。

びくっと背筋が伸びた。いかに温厚な父とはいえ、今日ばかりはこっぴどく叱られるはずだ。げんこつが飛んできてもしかたがないと覚悟した。

「お前、今日は学校でどうしたんだ」

拍子抜けした。

父があくまでもいつもの穏やかな口調だったからだ。

安心した私は、先生の差別に対する不満をすべて父にぶちまけた。

「教育者なのに、一人の子どもをえこひいきするのはけしからんと思ったんだ。先生が悪いんだ」

父は黙って聞いていた。おそらく父にも想像できたのだろう。「その子はきっと士族の出なんだろう。先生も平民の子と士族の子を差別しているに違いない」と。

私の話が終わるのを見計らい、父はゆっくりと口を開いた。

「おまえは、自分がええことをしたと思ってるんだな」

「うん、悪いことをしたつもりはない」

「そうするのが正しいと思ってしたんだな」

「うん」

「そうか」

父はそれきり何も言わなかった。

私は救われた思いがした。そして嬉しさがこみ上げてきた。

どんなに怒られるだろうと覚悟を決めていたのに、父は自分の正義を認めてくれたのだ。

私を信じ、「男というのは、そうやって、正しいと思ったことをやり通さなくてはいかんのだぞ」と言外に教えてくれたのだ。

父は、「親のメンツも考えろ」などということも言わなかった。「内申書にでも書かれて、中学へ行けなかったらどうするんだ」とも言わなかった。

父は、ただ「そうか」と言っただけだ。

この短い言葉は、いかにも寡黙な父らしい「おまえを支持するよ」という気持ちの表現だったのだと思う。

正しいことは、必ず認めてもらえる。

このときの父が私にくれたその確信は、今も心に深く刻まれている。

第三章

「人として正しいこと」の基盤

判断基準のもと

見てござる、見てござる

二十七歳で京セラという会社を始めたとき、私には経営の経験も知識も皆無だった。親戚や身近な知人にも会社経営をしているような人は一人もおらず、モデルにすべきものが何もない状態だった。

そこで私は、ある一つのことを、あらゆるときの判断基準にすることにした。

それは、両親から教わった「人として正しいことか」だった。

「人間として正しいことを正しいままに貫く」

この基準だけで私は京セラを経営してきたといっても過言ではない。

現在に至るまで、これで間違いはなかったと思う。その後のＫＤＤＩでも、日本航空でも、ただこのことだけを貫いてきた。

父も母も小学校しか出ていないので、学識によって私たち子どもを育ててくれたわけではない。すべて、心によって育ててくれた。

二人の心の中には「人として正しいこと、正しくないこと」の分別、すなわち道徳心や倫理観といったものが、ゆるぎなく存在していた。

昔の人であったから、その根拠は非常に素朴なものであったと思う。すなわち、「目には見えないけれど、私たちを見守っている存在がある」というようなことだ。

母はよく私たちきょうだいに言い聞かせた。

「あんたたちは悪いことをする子じゃない。でも、誰でも一人でいるときは、どんなことでも考えられるし、どんなことでもできるから、気をつけないといかんよ。人間は一人になったときが一番怖いんだ。神様、仏様は、いつでも見ておられるから、陰であろうと何だろうと、いつも正直にいいことをしなきゃいかんよ」

そしてこうも言った。

「だから一人でいるときにも、神様、仏様が見ていると考えて行動しなさい。迷いがあるときは『見てござる　見てござる』と自分に言い聞かせなさい」と。

母の教えは私の心に深くしみ入り、一人でいるときも不思議と悪さをしなかった。

「なんまん、なんまん、ありがとう」

両親の信心深さを考えるとき思い出すことがもうひとつある。

確か私が四つか五つくらいの頃だったと思うが、父に「隠れ念仏」に連れていかれたことがあった。

両親が信心していた浄土真宗は、鹿児島では徳川時代に薩摩藩によって弾圧を受けていた。

そんな中で信仰心の篤い人たちが山奥で僧侶と共にひそかに念仏を唱えてご本尊にお参りしたのが「隠れ念仏」で、この地域の宗教的慣習として残ったもののようだ。

また、父の故郷ではこうした宗教の歴史とは別に、子どもに「見えないものを敬う心」「すべてに感謝をする心」の教育として捉えられていた気がしてならない。

何組かの親子と共に、薄暗い山の夜道を登っていく。提灯《ちょうちん》の明かりだけを頼りに、黙々と歩く父のあとを必死で追いながら、なにやら神秘的な想いに包まれていたのを覚えている。

山を登りきると、そこには一軒の家があり、その中でお坊さんがお経をあげていた。ろうそくの灯りがゆれる薄暗い部屋で、そのお坊さんと一緒に「なんまいだ、なんまいだ」とお祈りをする。

読経がすべて終わると、お坊さんから子どもたちに一言あり、「また来なさい」と言われる子どもたちがいる中で、私は、

「おまえは今日で済んだ、もう来なくていい。これから毎日〝なんまん、なんまん、ありがとう〟と仏さまに感謝して生きなさい」

と言われた。父にも「この子はもう連れてこなくていいですよ」と話してくれ、理由はわからないまま、とても誇らしい気持ちになった。

ちなみに、「なんまん」とは、「南無阿弥陀仏」がなまったものである。

たった一晩のことだったが、この経験は私にとって大きな礎になったことはまちがいない。その後も、ふと気がつくと両の手を合わせていることがある。

自分で気づかぬうちに、「なんまん、なんまん、ありがとう」とつぶやいていることもある。

心のありようが現実を決める

中学受験の失敗

一九四四年（昭和一九）の春、小学校卒業を前に、私は鹿児島の名門である鹿児島第一中等学校を受験した。

既に書いたように六年生の成績はすべて「乙」だったが、ガキ大将としての面目を保ちたかった。それに、同じクラスで成績が普通以上の子はだいたい一中を志望していたから、自分もなんとかなると思っていた。

しかし、私は一中には受からなかった。

思い出したのは、おりこう君の一件で言い争ったときの、神経質な担任の捨て台詞だ。

「今回のことは内申書にも書いてやる。おまえを入れてくれる中学校などどこにもないから、そう思っておけ」

実際に先生が内申書に書いたかどうかは、もちろんわからずじまいだ。しかしどうしてもあのことが影響している気がした。

また、受験の願書に「士族」か「平民」かを書き込む欄があり、父が迷いなく「平民」と書いていたのを思い出し、そのせいではないかと思いもしたが、それも定かではない。

ともあれ、私は一中ではなく、やむなく国民学校高等科の生徒となった。

このときに味わった惨めさといったらなかった。

朝、家を出ると、いけすかないお金持ちのボンボンや、この間まで自分の子分だった悪ガキたちが、みなさっそうと一中の制服姿で登校していく。私だけが肩を落としながらみんなとは違う方向に歩いていくのだ。

この中学受験の失敗が、私が人生で最初に味わった挫折だったかもしれない。

〝不治の病〟に侵される

その年の十二月、私は体調を崩してしまった。

兼一おじさん（前列右から二番め）出征時。右隣が筆者、その後ろが父・畩市。

幼い頃私の家に同居していた父の弟の一人・兼一おじさんは、当時は満州で警察官をしていた。

その兼一おじさんが年末に一時帰国し、うちで寝泊まりしていた。ある晩、私はおじさんの隣で寝たのだが、それがいけなかったらしい。シラミをもらい、体中食われ発熱して寝込んでしまったのである。

母は結核ではないかと心配し、病院に私を連れていった。診断は、やはり結核の初期症状である肺浸潤であった。

母がまっ先に結核を疑ったのには理由があった。

父には三人の弟がいたが、家の離れに

住んでいた父のすぐ下の弟夫婦が、共に結核で亡くなり、末弟もその頃ちょうど喀血《かっけつ》して療養中だったのである。母は、私の発熱もその感染によるものではないかと危惧したのだ。

私自身も薄々そう予感していた。その予感が的中してしまった。

当時、結核は「不治の病」とされていた。戦後何年かたつと効果のある薬が作られ始めたが、それまではひたすら人々に恐れられる死病だった。

患者が出た家は、よそに知られないように、家族でひっそり看病していた。それでも昔は近所とのつながりが密だったので、隠しきれるものではない。うちは次々に結核の病人が出るものだから、「稲盛さんのところは結核の巣」とまで言われていたらしい。

結核は空気感染する。私は神経質なたちだったので、父の末弟が療養している離れの前を通るときは、鼻をつまんで走り抜けようとした。ところが途中でどうしても息が苦しくなり、思わず深呼吸してしまい、そのたび激しく後悔した。そして「自分もいつか結核になるかもしれない」という思いにとらわれていたのである。

母も私と同じで、病人に近づこうとしなかった。まだ小さい子どもたちの世話をしなければならなかったからだ。

父と兄は「そう簡単にうつるものか」と言い、まったく無頓着だった。特に父は熱心に弟の看病をし、結核菌が異常に増える末期になっても、危険を承知でそばで面倒を見ていた。

そういう父と兄にはうつらず、私にうつってしまったのである。

病床で出会った本

学校を休み、床に伏して療養に専念する日々が始まった。療養といっても特効薬などなかったから、日当たりのいい八畳間で、縁側の障子を開けての「空気療法」を行うのみだった。

熱に浮かされながら、私はぼんやり考えていた。

自分も叔父たちと同じようにやがて血を吐き、だんだんやせていくのだろうか。もう助からないかもしれない。

ついこの間までガキ大将だった私が、子どもながらに「死」を意識していた。

当時、隣の家にバスの運転手さんとその奥さんが住んでいた。

この奥さんが、とてもやさしく、しかも美人だったのを憶えている。心がきれいな人だからこそ、それが見た目にも表れていたのかもしれない。

ある日、いつものように陽の当たる縁側にふとんを出して寝ていると、庭の向こうの生垣越しに、その奥さんが「和夫ちゃん、今日は、気分はどう?」と声をかけてくれた。そして私に一冊の本を貸してくれた。

「もしよかったら、この本を読んでみて。大人向けだから難しいかもしれないけど、きっと和夫ちゃんのためになることが書いてある。わかってもわからなくてもいいから、最後まで読んでみてちょうだいね」

見るとそれは『生命の実相』という本だった。

著者は谷口雅春。あとで知ったことだが、谷口雅春とは「生長の家」の指導者の名前で、お隣夫婦は「生長の家」の信者だった。

重い病気で「死」まで意識していた私には、奥さんのやさしさが心から嬉しかった。

それから私はむさぼるように『生命の実相』を読み進めた。初めて読んだ宗教書であったが、一字一句が、乾いた土に水がしみ込んでいくように、すーっと腑に落ちていった。

ちょうど十代の初めで、「人生とは何か」「人間とは何か」といったことを考え始める多感な時期と重なったせいもあったかもしれない。

自分が平民の子であること。

一中に不合格だったこと。

無邪気なガキ大将時代の終焉。

おじとおばの死。

そして自分もまた同じ病気にかかったことへの不安。

着々と死に向かっているかもしれないという恐怖。

子どもにしてみれば理不尽と試練に満ちているように見える自分の人生へのヒントを探すかのように、病床の私は『生命の実相』を読みふけった。

《心のありようが現実を決める》

『生命の実相』にはこのように書いてあった。

「われわれの心の内にはそれを引き寄せる磁石があって、周囲から剣でもピストルでも災難でも病気でも失業でも引き寄せるのであります」

この言葉が意味しているのは、あなたの心が呼ばないものは一切あなたの周辺に現象として現れない、だから常に周囲の人たちに対して明るい善き心を持ち、毎日を送っていれば、災いは来ないということである。

私は大いに納得した。結核のおじがいる離れの前を通るとき、私は感染が怖くていつも息を止めて走っていた。そういう私が感染し、平気で通っていた兄は感染しなかった。それは心の中に磁石があったかどうかの違いだったのである。つまり、恐れという磁石がかえって病気を呼び込んでしまったのだ。

弟への深い愛情から、始終そばで看病していた父には感染しなかった。

私は、わが身を守ることしか考えられなかった自分自身をふり返り、子どもながらに猛烈に反省した。

と同時に、「心のありようが自分の現実を決めている」ということも学んだ。

『生命の実相』にはこうも書いてあったのだ。

「確信は〝念の世界〟における運命のひな形で、この世の出来事はすべて、このひな形のとおりに出てくる」

「志す事物を招びよせるのには、その思いを中断せずに、気長くその希望と熱意とを持続しなければならない。思念を長期間持続的に集中することは、必要な事物を引き寄せる磁石となる」

あのとき結核にかかったのは、今にして思えば、神様が与えてくれた贈り物だったに違いない。私の心がより深い真理に目覚めるための、何にも代えがたい貴重な体験だった。結核は確かにつらい経験だ。私にとっては死まで覚悟させられる究極の体験だった。

そのようなことは誰だって避けたいだろうし、思いがけず降りかかった災いにも思える。しかし災いや逆境というのは、前向きに克服していけば、人生において非常に大きなプラスになるのだ。自分の経験からそう確信する。

私はこの経験のおかげで、心のありようが現実になるという真理を学び、そのため善き心を持とうと考え自分の心の奥を見つめる機会につながった。その後も善き心で生き行動しようと強く思ったのである。

このときに心に芽生えたものが、その後の京セラの成功、ＫＤＤＩの成功の原点にあるのは間違いない。

その後、私の結核は治った。不思議なことだが、「いつのまにか治った」としか言いようがない。

戦争が本格化してくると、空襲も激しくなってきて、とにかく生き延びるために寝込んでいるわけにもいかなくなった。「生きるんだ」という強い気持ちで毎日を過ごしているうちに、だんだん元気になっていったのだ。

私が助かることができたのは、やはり「心のありよう」が変わったせいに違いない。

よきことも災いも自分の心が呼び寄せる。

だから、強く大きな志を抱いて道を進めばいずれそれは実現する。大切なのはその思いの強さ、思い続ける力だ。

これも若い人たちにぜひ伝えなくてはならない極めて大切な「人の世の真理」である。

このことは、また次の章でさらに詳しく述べたいと思う。

母の枕元で音読する

それから六年後の一九五一年（昭和二六）、私は鹿児島大学に入学した。

その翌年、今度は母が結核にかかってしまった。

この頃にはもう薬が開発され、それまで日本人の死因の一位だった結核は二位になっていた。しかし胃が弱い母は、この薬を飲めなかった。食欲を失い、しだいにやせていく母は、一時はもう自分はだめだとあきらめていたようだ。

母の体は衰弱しきっていた。医者に初めて見せたとき、「あんた、この体でよう今までこれたもんだなあ」と感心された。

確かに母は、戦前、戦中、戦後と、休みなく自分の体を酷使し続けていた。戦前は順調だった印刷屋の仕事のほか、七人の子どもたちの出産と育児にも忙しかったし、戦中は生き延びるために必死になり、戦後は生き抜くためのヤミ市通いに奔走する日々だった。

そうやって必死で駆け抜けてきた母が、世の中が落ち着きを取り戻しつつあったこの時期に精根尽き果て、倒れるようなことがあっても不思議はなかった。

母の病気を機に、父は私に「大学をやめて働け」と言った。しかし母は「やめんでいいよ。面倒は見てやれんけどな」と言った。

私は母の言葉に甘える代わりに、夜警などのアルバイトをしながら学費を稼ぎ、月々千円ずつ家計に入れるようにした。

母が家で療養しているとき、今度は近所の医師の奥さんが『生命の実相』を持ってきて勧めてくれたが、体力も気力も残っていなかった母は、自分から進んで読もうとはしなかった。

そこで私が母に読んで聞かせることにした。

中学一年のときに病床でむさぼるようにして読み、既に内容が自分の中にしみ込んでいる『生命の実相』を、今度は母の枕元で音読した。

母はもともと非常に素直な人で信心深くもあったので、一生懸命に耳を傾け、一文一文、心にしみ込ませていた。

その母も、療養のかいあって、幸いにも回復した。

『生命の実相』を共に読み、その内容をもとに母と自分の思いや考えを話し合った日々は、今でも忘れられない思い出になっている。

運命は自分で切り開く

人生を織りなす二本の糸

私は若い頃から、人は何の為に生まれ、何の為に生きるのかに関心を持ち、常に自分なりに考え続けてきた。

自分にどのような未来が待ち受けているのかは、もちろん誰にも知るよしがない。しかし、「人生というものはどのように作られていくのか」を少しでも知っているのと知らないのとでは、人生に大きな違いが出てくるはずだと思った。

考えた末、自分なりにこのような考えに至った。

人にはそれぞれ決められた運命というものがある。人は自分に定められた運命という縦糸を伝って、人生を生きていくのだと。

しかしそれだけではない。

人はその運命に翻弄されながら、人生の中でさまざまなことに遭遇していく。そして、その遭遇する過程で、人はよいことや悪いことを思ったり行ったりする。それによって人生というものが変わっていく――。そうした「因果の法則」のようなものがあるのではないかとも思うようになった。

つまり、人生には、「運命」という縦糸があり、「因果の法則」という横糸がある。この二本の糸で織られていったものが、それぞれの人の人生を形づくっているのではないか。そのような考えを持つようになったのは、東洋哲学の大家である安岡正篤さんの著書『運命と立命』に出合ったからである。

これは安岡さんが中国の『陰騭録《いんしつろく》』という本を解説している本で、人生が「運命」と「因果の法則」で織りなされているということがよく説明されていた。

中国の古典には、「積善の家に余慶あり」という言葉がある。善行を積んだ家にはすばらしい幸運が訪れ、子々孫々にわたるまでよいことがある、という意味だ。

つまり、「善きことを思い、善きことをすれば、その人の運命はよい方向へと変わっていく」。『陰騭録』を読み、その教えを実践することにより、いよいよ確信するに至った。

『陰騭録』という中国の書物は、今から四百年ほど前、中国が明の時代のときに袁了凡《えんりょうぼん》という人が書いたものだ。

とても含蓄の深い話なので、ここに紹介したい。

老人の予言

『陰騭録』を書いた袁了凡が、まだ袁学海《えんがっかい》という名前だった幼い頃のこと。

ある日、「私は雲南で易を究めた者だ」というほおひげの立派な老人が学海少年の家に訪ねてきた。易というのは、日本でいう占いのことで、中国では古くからあり、大変深遠な学問体系をなしている。

その老人は「この国にいる袁学海という少年に、私が究めた易の神髄を伝えよという天命が下った。そこで、遠いところからお前さんを訪ねて、わざわざここまで来たのだよ」と言った。

その夜、老人は、お母さんと二人暮らしをしている学海少年の家に泊めてもらった。そして学海少年を見つめながら、母親に少年の未来について話を始めた。

「お母さんは、この子を医者にしようと思っておられますね」

母親は「はい。私どもはお祖父さんの代から医者の家系です。若くして亡くなったこの子の父親も医者でした。ですから、この子も医者にしようと思っています」と答えた。

老人は「いえいえ、この子は決して医者にはなりません。科挙の試験を受けて、立派な高級官僚として出世をしていきます」と言った。

そしてこう話を続けた。

「この子は○歳になったときに、県の試験を受けるでしょう。そのときは○人中○番で合格するでしょう。そののち、○歳になったときに府の試験を受け、そのときも○人中○番で合格するでしょう。○年かのち、さらに上級の試験を受けますが、そのときは残念ながら不合格となります。しかし翌年、再度試験に挑戦し、○人中○番で合格します」

老人は、科挙の試験の各段階の結果がどうなるかをずっと語っていった。

そして、「若くして地方の長官となります。結婚はしますが、残念ながら子どもには恵まれず、五十三歳でこの世を去る。この子はそういう運命になっています」と語った。

その後、学海少年はその老人が話した通りの人生をたどっていった。○歳のときに○の試験を受け、○人中○番で受かる。あるときには合格しなかった。すべて、あのほおひげの老人が言った通りの結果を迎えていった。

運命は変えられる

こうして学海さんはその老人が言ったことを信じ、人生には定まった宿命があるのだと考えるようになっていく。そんなあるとき、南京に赴いた学海さんは、立派な禅寺に雲谷禅師という有名なご老師がいることを知り、その教えを請おうとさっそくその禅寺を訪ねていった。

禅寺の雲谷禅師のほうも、学海さんを温かく迎えてくれた。そして、「それでは、せっかく来られたのですから、ご一緒に座禅でもいかがですか」と誘った。

誘いのままに座禅を組み始めると、雲谷禅師は、学海さんの雑念妄念が一点もない澄み切った姿に舌を巻いて、こう言った。

「お若いのに、少しも雑念妄念が浮かんでこない。これほどまでにきれいな座禅が組めるという人は見たことがありません。よほどの修行をなされたに違いありません」と言った。

学海さんは「いいえ、何も特別な修行などはしておりません。しかし、もし私に雑念妄念がなく、澄み切った心境をしているとご老師が見られたのであれば、思い当たる節があります」と言った。

「実は少年の頃、易を極めた老人が訪ねてきて、母と私に私の運命について話をしてくれたのです。私はその老人が話した通りの人生を歩んできました。結婚はしましたが、いまだに子どもは生まれておりません。やがて五十三歳で寿命がくると言われていますから、私も五十三歳までの命だと思っています。ですから私は、今後、ああなりたいとか、こうしたいとか、そういう希望や野心は何ひとつ持っておりません。私は運命の命ずるままに、淡々とこの人生をまっとうしていこうと思っています。それをご老師は、私が澄み切った心境であるかのように受け取られたのでしょう。私は、今までも、あの老人が言った通りの人生を歩いてきました。今後もあの老人が言った通りの人生を歩いていくはずです」

話が終わると、それまで柔和な顔をして聞いていたご老師の表情が突然変わり、学海さんを激しく叱った。

「若くしてすばらしい境地に達した賢人かと思ったが、あなたはそんな大バカ者だったのか」と。

そして学海さんに向かい、とうとうと諭した。

「たしかにその老人が話した通り、我々にはそれぞれ運命というものが備わっています。

しかし、その運命のままに生きるバカがいますか。運命というのは、変えられるのです。人生には、『因果の法則』というものがあり、運命にしたがって生きていく途中で、善いことを思い、善いことを実行すれば、運命はよい方向へと変わっていきます。また逆に悪いことを思い、悪いことを実行すれば、運命は悪い方向へと変わっていくのです。この『因果の法則』というものが、我々の人生にはみな厳然として備わっているのです」

善きことを思い、実行する

学海さんは聡明な方だったのだろう。雲谷禅師の教えに大変な感銘を受け、寺をあとにして家に帰り、妻に言った。

「今日、禅寺で雲谷禅師とお会いして、このようなことを教わった。だから私は今日から、どんな小さいことでもいいから、人の為になる善いことを思い、善いことを実行していこうと思う。その数が多ければ多いほどよいと、雲谷禅師に教わった」

奥さんも素直で明るい方だったのだろう、このように答えた。

「そうですか。あなたがそう思うなら、私も一緒にやりましょう。二人で今から、少しでも善きことを思い善きことを実行していくよう心がけて、生きていくようにしましょう。

今日はどのくらい善いことを思い善いことをしたのか、表に○×をつけて、実行していきましょう」


『陰騭録』という本は、ここで場面がガラッと変わる。

「なあ、息子よ。お父さんの人生は、実は今まで話したような人生だったんだよ。禅寺でご老師にお目にかかり、人生には『因果の法則』というものがあることを教えてもらった。そののち、お前のお母さんと、少しでも善いことを思うように心がけ、その思ったことを少しでも実行していくという人生を歩み始めた。そういう人生に努めるようになってから、あの老人には決して生まれてこないと言われていたお前が生まれたんだよ。そして五十三歳で寿命だと言われていたが、七十歳を過ぎた今もこうして元気にしている」

このように、学海さんが息子に語っているのだ。

これが『陰騭録』のあらましである。

つまり、学海さんは、幼少の頃から禅寺を訪れるまで、もともと自分が持っていた運命のままに生きてきた。

ところが禅寺に行き、雲谷禅師から「人生の節々で善いことを思い、善いことを実行すれば、運命はいい方向に変わっていく」と聞きそれを実践したことで、まさに運命が変わっていった。

そのことを息子と話しているという物語である。

人生は何のためにあるのか

私がこの本に出合ったのは、京セラという会社がまだ中小企業だったときだ。不況の嵐に見舞われ、自分の会社もいつつぶれてしまうかわからない。若くして経営に携わるようになり、一寸先すらも見えない人生を、どうして渡っていけばよいのかと悩んでいたときに読んだ。

「なるほど、人生はこういうふうになっているのか。もしそうであるならば、『陰騭録』が教えてくれている因果の法則に合ったような生き方をしていかなければならない」

私はそのように思い、「どのような運命に遭遇しても、善きことを思い、善きことを実行するような人生を送っていこう」と心に決めた。

そうして私は、全従業員の幸福のために会社を立派にしていこう、お客様のために尽くそうという思いから、次々と新材料や新製品を開発し、また新規事業を作り出していった。

また、そういう思いで会社を運営してきたからこそ、社員たちも京セラを自分たちのための会社だから立派にしていきたいと思い、会社発展のために全力でがんばってくれた。第五章でさらに触れるが、そうした努力の結果、京セラは、世界に約七万人以上の社員を擁するグローバル企業へと成長することができた。

一九八四年に作った第二電電という会社も、電電公社（現在のＮＴＴ）に独占されていた日本の通信市場に自由競争を導入し、「国民のために通信料金を安くしたい」という純粋な思いから創業した。

第二電電は、今ではＫＤＤＩとなり、携帯電話事業のａｕなどを通じて大きな売上をあげる大変立派な会社に成長している。

私は最近、日本航空の再建にも携わった。

日本航空の社員たちや日本経済のことを思い、「他に善かれかし」と願った、純粋で一途な思いで再建を引き受け、社員の意識改革を通じて、短期間に業績を急回復させることができた。また、その純粋な思いが、強大なパワーを引き寄せ、破綻した企業を救ったばかりでなく、世界の航空会社の中で、最も高収益な会社へと変貌させた。

八十年余りの人生の中で、私はそうした経験を幾多もしてきた。

このことは誰の人生にも当てはまるものだと思う。

すべては、自らの心のありようと、その心をもとにどう行動するか、なのだ。

『陰騭録』に書かれている袁了凡さんのように、できるだけ善きことを思い、善きことを実行していくようにすれば、自分自身の人生をすばらしいものへと好転させていくことができる。

善きことを思い実行することは、運命を好転させるばかりではない。

実は、善きことを思い、善きことにつとめることを通じて自分の心を磨き、美しくすることは、人生の目的そのものではないかと私は考えている。

一般的には、人生の目的というと、財産や地位、名誉を築くことのように考えられている。しかしそのようなものは、いくら持っていたとしてもどれ一つとしてあの世へ持っていくことはできない。

そのような中で、たった一つだけ滅びないものがあるとすれば、それは我々の持つ心、「魂」というものではないかと私は思う。

死を迎えるときには、現世で作りあげた地位も名誉も財産もすべて捨てていかなければならない。ただ「心」「魂」だけを携え、新しく旅立っていくのではないだろうか。

そのように考えれば、私たちが生きる人生は、善きことを思い、善きことを行うことで、魂を磨き上げるために与えられた時間なのかもしれない。

生まれてきたときにこの世に持ってきた自分の心を、現世の荒波の中で洗い、磨き、少しでも濁りのない美しいものへと変えていく——

そのために「人生という名の道場」があるのではないだろうか。

利他の心

人間の二つの心

人間の心というのは、二つのものから成り立っていると私は考えている。一つは「自分だけよければいい」という、利己的で欲望に満ちた心である。人間は生きていくために、自分の生命を維持するために食事をしなければならない。衣服を着、家に住まなければならない。そういう自分自身が生きていくのに必要な欲望、いわば本能をベースにした「まず自分。自分だけよければいい」という思い。それが、利己的な心で、人はみなそれぞれに持っている。

利己的な心は自分勝手で強欲な思いだが、これがないと人間は生きてはいけないのだから、どうしても必要なものだとも言える。

もう一つの心は、「他人を助けてあげたい」「みんなにやさしく親切にしたい」という利他の心である。そういう心も人間の中には存在している。

一人の人間の中に、利己の心と、利他の心、二つの心が一緒に住んでいる。そして、どちらの心が大きな比率を占めているかは、その人の人間性、人格を左右する大きな要素になる。

心のありさまは、人間性、人格を左右するだけではない。その人の心に見合った環境が自然とまわりに作られていくのだ。

私はそのことを、自分自身の人生、そして両親の生きざまを見る中でつくづく実感してきた。

父も母も、贅沢を望まず、必要なもの以外は持とうとしない人たちだった。寝る間も惜しんで家族のために働き、まわりの人たちにも非常に親切にしていた。

父のまじめな働きぶりは、厚い信頼を得ていたばかりか、事業の拡大をもたらした。本人が何に対しても慎重で、常に現状維持をよしとしていたにもかかわらず、次々にまわりの人たちが力を貸してくれたのだ。そのおかげで「稲盛調進堂」は順調に発展していった。

母も常に人に対して親切だったから、「おキミさん、おキミさん」と慕われ、困ったときには必ず力を貸してくれる人が現れた。

情けは人のためならず

そのような人として思い出すのが、子どもの頃に近所に住んでいた新見さんのことである。

新見さんは、うちから二、三百メートルぐらい離れたところで自転車店を営んでいた。私たちは「新見のおじさん」「新見のおばさん」と呼んでいたが、二人は正式な夫婦ではなかった。二人とも元は熊本にいたが、妻のあったおじさんと、芸者をしていたおばさんが駆け落ちをして鹿児島に来ていたのだ。

おじさんには自転車の修理の腕があったので、鹿児島で自転車店を開業することにした。父はおじさんとひょんなことで親しくなり、開業の支援もしたようだ。

母もおばさんに大変親切にしていたものだから、おばさんはしょっちゅうわが家に遊びに来ていた。いかにもしゃきしゃきの粋な女性だったことを憶えている。

父も母も、「人様のために何かする」ということを、恩着せがましくなくごく当たり前のこととして実践する人たちだった。

両親の新見さんに対する親切は、のちになってこの私に返ってきた。

高校卒業を前に、私は大阪大学の医学部を受験した。

入試のために大阪に向かうに先立ち、新見のおばさんは、「私の妹が天王寺に住んでいるの。和夫ちゃん、訪ねていきなさい。妹に手紙を出しておくから、面倒を見てくれると思うよ」と言ってくれた。妹さんもやはり元は芸者さんで、今は非常にまじめな左官屋さんと結婚して二人で暮らしているという。

大阪へは、なけなしのお金で普通列車を乗り継いで行った。満員列車に揺られて大阪駅に着いた。おばさんの妹さんとご主人は駅まで迎えに来てくれていたらしいが、終戦後の人ごみで、お互いの顔も知らないのに見つけられるはずはなかった。結局、人に聞きながら、ようやく天王寺の妹さんの家にたどり着いた。

それからその家で大変お世話になりながら、三日間、大阪大学の受験に通った。

父と母が人知れず面倒を見てあげた新見さん。その親切が回りまわって、大阪の妹さんたちが面倒を見てくれるという形で、息子である私に返ってきた。

「情けは人のためならず」とよく言うが、私はこのことを身をもって体験したことになる。両親は、「思いやりは大事だよ」「人には親切にするんだよ」と、言葉で子どもに教えたわけではない。しかしそうやって生きている姿そのものが、私に多くを教えてくれたのである。

ダチ甲斐のある遊び人

親切とはどういうものかを教えてくれた人として、大学時代のある同級生のことも思い出す。

私は結局、大阪大学には受からず、地元の鹿児島大学工学部の応用化学科に進んだ。

そのときの同級生の一人に、めったに大学に来ない遊び人がいた。毎日パチンコばかりしていて落第したため、私より一歳年上だった。

私は彼とは反対にこの頃はかなりのガリ勉で、大学時代の成績はトップだった。だから本来、彼とは接点が生まれにくい。実際それほど親しいわけではなかったのだが、ある日

大学の研究室の仲間たちと。前列右が筆者。

なぜか彼は私をパチンコに誘ってくれた。

「稲盛君、パチンコをしたことがあるかい」

もちろんなかった。パチンコなどばかばかしいと思っていたし、お金もなかった。

「いや、ない」と言うと、「それなら連れていってやろう」と彼は言い、鹿児島で一番の繁華街に私を連れていった。そして「君も隣でやってみたらどうや」と、私にも玉を買ってくれた。

しぶしぶ始めたものの、面白くもなんともない。毎日図書館に通って勉強していた私は、「早くここを出て勉強したい」という思いで、パチンコにはまったく身が入らなかった。そのせいもあってか次々に負け、あっというまに玉はなくなった。

友人のほうはどんどん玉が増え、いっこうに終わりそうにない。じりじりしながら待っていたが、そのうちにしびれを切らして先に帰ってしまった。

その後も彼は私をパチンコに誘い、私はそのつど断り切れずについていった。確か三度目だっただろうか。彼はたくさんたまった玉を景品やお金に換えると、隣の大きな食堂に私を連れていった。

昭和二十年代のこと、掘立小屋のような粗末な建物の食堂だった。そこでは「ビックリうどん」という、うどんが二玉入ったメニューが名物となっているようだった。お腹を空かせた大学生には、なかなかのごちそうだ。

友人はその「ビックリうどん」を私にもおごってくれると言った。

私は彼の厚意に、頭を殴られたような衝撃を受けた。

学校と図書館の往復だけで暮らしている堅物の同級生を誘い、自分のお金を出してまで「社会見学」をさせてくれた。

つまらなそうにしていると、自分が勝ち取ったお金でごちそうまでしてくれた。

それもまったく恩着せがましくなく、うどんを食べたら「バイバイ」と言ってあっさり別れていく。

それまでは、心のどこかで「パチンコばかりしているから落第したんだ」と見下してい

勉学と空手にいそしんだ大学時代。後列左端が筆者。

た彼が、とたんに大きな人物に見えてきた。

よく友だち甲斐のある人を「ダチ甲斐のあるやつ」と言ったりするが、彼のような人物をいうのだと思った。

それに比べて自分はどうだろう。お金までもらって遊ばせてもらいながら、つまらなそうな顔をし、さっさと帰る。彼よりよほど薄情ではないだろうか。彼のほうがはるかに人間として上なのではないだろうか。

「自分は何と器量の小さい人間か。まだまだだな」と反省した。

その後の大学生活の中でも、この友人には人とのつき合い方や遊び方について実に多くのことを教わった。

最近の同窓会で彼に会ったので、私はこんなことを言った。

「この頃は私もいろいろなところで講演をしたりするが、あなたから教わったことも大いに生かされているよ」

すると彼は、昔と変わらない飄々とした顔で、「そんなことあったかな」と笑うのだった。

もしも今、母に会えたなら

母の味噌汁が恋しくて

くり返すが、私に「人として正しく生きる」ことを最初に教え、また最大の先生となったのは母である。実家を離れてからも常に母の教えは私の中で生き続け、大きな支えとなっていた。

が、二十七歳で京セラという会社を作ってからの私はとにかく多忙を極め、なかなか故郷に帰ることはできなかった。

それでもたまに帰ると、心からほっとしたものだ。子どもの頃、母のすばらしい愛に包まれて育ったように、大人になり事業を成功させてからの私も、実家ではただただ母の愛の中にすっぽりと包まれ、くつろがせてもらっていた。

実家では「おふくろの味」のご飯と味噌汁を食べさせてもらうだけで十分幸せだった。母の味噌汁は味噌から手作りだ。仕事で行き詰まっているときにも、この味噌汁を飲むだけで底知れぬ元気が湧いてきた。

両親は私が具体的にどういう仕事をしていたのか、よくわかっていなかったと思う。京セラの新製品や先端技術について、二人を前に講義したこともあったが、にこにこと笑って聞いてくれていても理解してはいなかっただろう。

京セラと私の仕事がにわかに有名になり始めた頃、母のところに雑誌の取材などが来るようになった。記者から私の作っている製品についてたずねられた母は、

「よくわからんのです。私は、電球を差し込む瀬戸物のソケットみたいなのがあるでしょう、あのソケットを作っとるんだ、と友だちに説明しとるんですよ」

と答えたという。

ソケットでも何でもいいのだ。私は母のその言葉をかわいらしいと感じ、何であろうと私がしていることを喜んでいてくれることが純粋に嬉しかった。

父は根が心配性なものだから、私が事業で新しい挑戦をするたび、「大丈夫なのか」と

はらはらしていた。母はその点いくらか剛毅なところがあったので、そういうことは一切言わなかった。あるいは、子どもの頃からそうだったように、
「和夫ちゃんのやることは正しい。任せておけばいい」
と信頼してくれていたのかもしれない。

京セラの事業が安定し順調に回り始めると、京都だけでなく滋賀県にも新しく工場を建設することになった。

その工場も満杯になった頃、鹿児島県知事から「ぜひ鹿児島のほうにも工場を作ってくれませんか」というお話があった。知事は鹿児島出身の私が京都で会社を始めて成功しつつあるという話を知り、産業の少ない鹿児島にもぜひ活を入れてほしいと考えたようだ。そこで昭和四十四年、京セラの三番目の工場を、鹿児島市から電車で一時間ほどの川内市に建設することになった。

建設に先立ち、工場の用地買収などのために私は何度も鹿児島に帰った。そのつど母の手料理が食べたくて実家に泊まり込んだ。同行した幹部社員たちも一緒だ。みなわが家の八畳間で枕を並べて寝てもらったが、その数は四、五人、ときには十人ほどもいた。母は

それでも喜んで迎え入れ、みんなに食事をふるまってくれた。

その頃のことも、母はのちに雑誌記者にこう答えている。

「〝お母さん、こっちに工場を作ろうと思うんだ〟と息子に打ち明けられたときは、夢のようだったとですよ」


その母も、平成四年に、八十二歳で亡くなった。母が亡くなったのは、ちょうど事業が多忙を極め、私が世界各地を飛び回っていた頃だった。海外にいた私は臨終の場に立ち会うことはできなかった。

母を連れていきたい場所

もしも今、母が生きていたら――。

そんなふうに夢想してみる。

もしも目の前に母がいても、不思議に私からは特に話したいことはない。

ただ、田舎の家のちゃぶ台の前に座り、母が作ってくれるおいしい味噌汁や魚の干物を食べさせてもらえたら幸せだ。

母と今もし一緒にどこかへ出かけられるとしたら、鹿児島へ帰り、パチンコ屋へ連れていってあげたい。

戦後しばらくたつと、苦しかった家計が安定し、七人きょうだいの子育ても一段落した。母の毎日にも余裕が生まれ、小遣いができるたびにパチンコ屋に行くのを楽しみにしていたようだった。

その頃には私はもう仕事で京都にいたが、帰省するたび母と鹿児島の繁華街のパチンコ屋へ出かけたものだ。

私よりも母のほうが強く、景品のお菓子をいつもたくさんもらっては少女のように嬉しそうな笑顔を見せた。

まじめな父には、母がパチンコに夢中になっているのが面白くなかったようだ。当時は私が父に仕送りをしていたが、あるとき母が、「お父さんがパチンコ代をくれない」と言うので、私が小遣いを渡したこともある。

母にとってパチンコは、家族のために身を粉にして働いた人生における、数少ない「自分のための楽しみ」だったのだろう。

そんな母が何も心配することなく楽しんでいる姿見たさに、「もう一度、パチンコ屋に連れていってあげたい」と思うのである。

第四章

京都 大和の家

心に傷を負った子どもたちのために

驚きの報道

京都府南部の精華町に、児童養護施設・乳児院の「京都大和《だいわ》の家」がある。

近年ますます増加している痛ましい児童虐待や育児放棄、その他のやむを得ない事情で家族から離れて暮らすことを余儀なくされている子どもたちのために、二〇〇四年に私が創設した生活施設である。

名称の一部の「大和」というのは、私の僧侶としての名前である（私は平成九年に、京都・八幡の円福寺で得度し、この僧名をいただいている）。

「大和の家」には二十名の乳児、六十名の児童が入所できる。

また、退所する子どもたちの自立や家庭復帰のためのきめ細かい支援も行っている。さらに、就職や進学のため施設を退所し、独力で生活をしていかなければならない子どもを対象に、生活自立支援金を給付する「稲盛福祉財団」も、二〇〇三年に設立した。

このような児童福祉活動を私が始めようと思ったのは、京セラやＫＤＤＩの代表権を返上して数年がたった二〇〇〇年の頃だった。

新聞・雑誌やテレビでは、連日のように児童虐待のニュースが報道されていた。そして、虐待を受けた子どもたちが児童相談所の世話で児童養護施設に入っているが、その数が非常に多いため収容しきれない状況だということを知った。

私はそれらの報道を聞き、こんなにもつらい思いをした子どもたちがたくさんいるのかと、非常に心が痛んだ。

この社会現象が妙に気になったのは、おそらく私自身がすばらしい母の愛で育ち、幸せな子ども時代をすごしてきたからだと思う。

聞き分けのない「三時間泣き」でごてやんだった私を、やさしく見守り、「人として正しいこと」を教えてまっすぐに育ててくれた母。その母の愛情は、今なお私の心にある。

そんな私にとって、自分の親から虐待を受けている子どもたちが大勢いるとは信じられない話だった。

子どもとは、ただでさえ母親の愛情を欲しがるものだ。私も大変な甘えん坊で、いつも忙しい母親について回り、愛情を人一倍ほしがった子だった。この年になってもふとした瞬間に「お母さん」とつぶやくことがあることは前にも述べた。

それなのにその母親から虐待を受けるとは、どれほどつらいことか。そう思うといたたまれない気持ちになった。

戦前には、孤児院と呼ばれた施設があり、親のない孤児たちや、親が育てられない子どもたちの世話をしていた。それが現在の児童養護施設では、そういう子どもたちより、保護者から虐待を受けている子どもたちの割合が増えているという話である。

そんな不幸な境遇にある子どもたちのケアは、いったいどうなっているのだろうか。私は心配でたまらなくなった。

京都近辺の施設を見て回る

そこで、京都府や京都市の児童福祉担当者に現状について詳しくうかがうことにした。

「私は児童福祉に関してまったく何の知識もないのですが、今の児童福祉の現状について教えてくださいませんか」

そうお願いすると、担当の方は「稲盛さん、もしこの問題にご関心があるのでしたら、児童養護施設を実際にご覧になってはいかがでしょうか」と提案された。

さっそく京都近辺にある施設の場所を教えていただき、実際に自分の目で見て回ることにした。

しばらくの間、私は時間が空く日曜日を利用して、自分で車を運転し、京都市内はもとより北は舞鶴から西は神戸まで、いくつもの施設に足を運んだ。

それぞれの施設では、子どもたちの世話をしておられる施設長さんにお会いし、お話をうかがうこともできた。

施設の多くは、資産家や篤志家あるいは宗教家の方々が、身よりのない子どもたちをかわいそうに思い、慈善活動として施設を作ったのが始まりということだった。

その篤志家のご子息やお孫さんが後を継いでいる施設では、昔、おじいさんやお父さんが作られた施設をそのまま使用していることが多いので、建物が老朽化していた。そんな状況の中で、施設長や職員のみなさんが、子どもたちのために一生懸命に働いていることも知った。

幸いなことに私は事業家として京セラを創業し、発展させることができた。結果として順調な人生を歩ませていただいているだけに、私にできることがあるならそういう厳しい境遇にある子どもたちを少しでも支援してあげたいという気持ちがいよいよ強くなってきた。

再度、京都府の福祉担当者の方にお目にかかった。

そのとき、こんな話をうかがった。

「京都府では特に南部地域に施設がありません。住宅地が開発され、人口が増えているにもかかわらず、児童養護施設が一つもないのです。そのため南部に住んでいる子どもたちも北部の施設に移さなければならず、大変困っています」

これを聞いて私は、京都府南部に児童養護施設をみずから建設しようと決心したのである。

明るく開放的な施設に

まずは施設に必要な土地を購入しようと思い、児童福祉施設が一つもないという京都府南部にある精華町に的を絞り、町のご協力で候補地を紹介していただいた。

いくつかの土地を見て回り、精華町役場からほど近い、小高い農地を購入した。

既に書いたように、京都府下の児童養護施設では、古い建物を今でも使用しているところが多かった。中には戦前に篤志家が建てた木造の建物をそのまま使用しているところもあった。

そういう施設の方々や子どもたちから話を聞くと、子どもたちが学校の友だちを施設に連れてくるときに肩身の狭い思いをしているとのことだった。友だちの家によく呼ばれるのでお返しに自分も呼びたいが、気が引けると言うのだ。

これを聞いて、「ああ、子どもたちにとっては、施設は自分の家だものなあ」と思った。そこで、どうせ建てるなら子どもたちが学校の友だちに「うちに遊びにおいで」と言って気持ちよく連れてこられるような施設にしたいと考えた。

家庭で悲惨な体験をした子どもたちの心が少しでも癒され、明るい気持ちで生活ができるように、設計の段階から私も入って毎月打合せを行った。

外装は私の発案で、オレンジ色の屋根と純白の壁に囲まれた南欧風のデザインにした。

そして、戦後の孤児たちと復員兵の心のふれあいを描いた映画『鐘の鳴る丘』に出てくる「とんがり屋根の時計台」のような、鐘をつけた塔を中央に設けた。

そのうえ、広々とした玄関とロビー、地域の人々との交流ができるようなホールを備えた、開放的で明るい施設となるように設計してもらった。

きょうだいのように暮らすユニット方式

施設の運営方法についても工夫を凝らした。

当時はまだ、大きな集団で生活する大舎制の児童養護施設が多い時代だった。しかし「京都大和の家」では、当時の厚生労働省の指導も参考にして施設の内部を六つの生活ユニットに分ける方式を採用することにした。

それぞれのユニットの定員は十名程度とした。各ユニットには、一般の家庭のように居間や台所、風呂、トイレ、洗面所があり、私のアイデアで、机の上にベッドを配置して、収納も一体となったユニット家具をあつらえた。

それぞれのユニットでは、幼稚園児から高校生まで、きょうだいのような年齢構成の子どもたちが、家族のように一緒に生活するようにした。

実際にこの方式で始めてみると、職員の人たちはなかなか大変らしい。上は高校生から下は幼稚園児までが一緒に生活しているから職員の手間はどうしても煩雑になるし、みんなそれぞれに違う家庭や地域から集まった子どもたちなので、一人でも問題のある子がいるとすぐに調和が乱れてしまう。

それでも、台所も風呂もすべて共有する一つの家庭のようなつくりになっているので、一緒に生活しているうちに、自然にきょうだいのような連帯意識が生まれてくるようだ。

私が育った家庭もそうだったが、きょうだいが多い環境では、一人ひとりが辛抱すべきときは辛抱しなければならない。助け合うことも譲りあうこともしなくてはならない。喜ぶときはみんなで一緒に喜ぶ。そういうことが経験できるのは、子どもが育っていく上では非常にいいことだと思っている。

また、児童養護施設に乳児院を併設することにした。

一般に、児童養護施設と乳児院は別々に存在し、子どもたちは年齢が来れば乳児院から児童養護施設に移る。しかし「京都大和の家」では、子どもたちが成長していく中で、同じ施設にいるままで安心した生活を送れるように配慮した。

こうして、乳児院には二十名、児童養護施設には六十名の子どもたちが一緒に生活できるよう、施設の建設を進めていった。

知力と体力を鍛える

このほか、施設内には児童が家族のもとに戻るための支援を行う「サポートルーム」を設けたり、虐待を受けた児童に対して心のケアを行うための「心理療法室」を設けたりした。

また、子どもたちが楽しく勉強できるような工夫もした。

施設に入所する子どもたちの中には、育った環境が恵まれていなかったために勉強が不得意な子もいる。

公文式学習法で知られている、日本公文教育研究会のお世話で、公文の先生に施設に来てもらうようにお願いした。施設の中に学校の教室のような学習室を設け、そこで放課後に公文式の先生に指導をしてもらうことにしたのだ。子どもたちが自習した公文式の教材は職員が採点するようにもした。

最初は子どもたちもしかたなく勉強している感じで、熱が入らなかったようだが、やっているうちにだんだんと興味を持って勉強するようになっていった。そのうちに勉強することが習慣になり、進学の際にも役立った。今では、大学や短大に進学する子どもたちも増え、中には国立大学に進学する子どもまで現れ、後に続く子どもたちに大変良い影響を与えてくれている。

さらに私は、子どもたちを身体面でも健全に育てたいと考えた。そこで職員や子どもたちとも話し合い、施設の南側にあった広場をフットサルのグラウンドに作りかえることにした。

子どもたちはそこで毎日のように遊び、やがてフットサルチーム「大和ＦＣ」を作った。まもなく「大和ＦＣ」は近畿児童養護施設協議会のスポーツ大会に出場するほどになり、現在では、この大会でもときどき優勝を争うほどになっている。

子どもたちにとって、思いきり体を動かし、鍛えていくことはとても大事なことだと思う。スポーツに秀でることで自信を深めた子どもたちは、ほかのことにもますますがんばることができるようになっている。

職員も幸せに

理想に燃えた職員たち

施設長や職員の採用にあたっては、私自身は児童福祉の経験がまったくないので、前からお世話になっていた京都府の担当部長さんにご相談した。そして京都府の児童相談所長を経験された方に施設長として就任してもらうことになった。その方を中心として新たな職員を募集し、大学で児童福祉や心理学を専攻した方や保育士など新卒を中心に四十名ほどを採用することにした。

さらに、子どもたちが十八歳になって社会に巣立っていくときに自立を支援するための公益財団法人「稲盛福祉財団」を、京都府・京都市のご協力のもと、私財を提供して設立した。子どもたちが施設から自立していくときに、経済面で非常に苦労をしていると聞いたからだ。

この財団から、京都のすべての児童養護施設を対象に、施設から退所して親から自立する子どもたちに対して、毎月二万円の支援金が二年間、または、大学や専門学校を卒業するまでの間、支給されている。またこの財団は、京都府下にある児童養護施設や乳児院などの建物の改修等に必要な資金の一部を支給する事業も行っている。

このような準備を経て、二〇〇四年八月に、児童養護施設と乳児院を併せ持つ「京都大和の家」が誕生したのだ。

子どもたちを支援してあげたい、守ってあげたいという、美しい理想に燃えた職員たちが、「京都大和の家」で働き始めた。児童福祉を志した若者たちが、希望にあふれ使命感を持って来てくれたので、非常に嬉しく、そして頼もしく思う。

毎日働いてくれている職員たちに対し、「逆境に喘いでいる子どもたちのお父さんやお母さんの代わりとして子どもたちを支援してください。みなさんには、思いやりに満ちた心を持って、子どもたちに接していただきたい」と、心よりお願いした。

温かい支援も

嬉しいことに、思わぬ支援の手を差し伸べてくださる方々がほかからも現れた。私が中堅・中小企業の経営者の方々にボランティアで経営論を指導している「盛和塾」の塾生たちだ。

「盛和塾」で私は、従業員の幸福のため、また世のため人のために経営をしなければならないといった経営哲学を教えている。現在、国内外で約1万名の経営者が熱心な塾生となっている。

私が「京都大和の家」を運営し始めたことを知ったアメリカ・ハワイやニューヨークの塾生が施設をたびたび訪れては、子どもたちに英語やダンスを教えてくれている。

また日本の塾生たちは、いろいろな機会をとらえて贈り物をしてくれるので、子どもたちが大変喜んでいる。クリスマスパーティーには、京都や滋賀の塾生たちがチキンの丸焼きなどのご馳走やケーキ、果物を差し入れるなど、施設の子どもたちに対して本当に温かい心で支援してくれている。

また、京都市で中華料理店を開いている楊正武さんという方が、毎年、「大和の家」へ来て中華料理を子どもたちに振る舞ってくださっている。楊さんは「大和の家」だけでなく、多くの施設ですばらしい愛の精神でボランティアを続けていると聞いている。

このような多くの方々の温かいご支援や職員たちのたゆまぬ努力のおかげで、ここまで「大和の家」を順調に運営してくることができた。

児童福祉はすばらしい天職

年に数回機会を見つけては、「京都大和の家」に足を運んでいる。そして、日々大変な仕事に取り組み苦悩している職員たちに、このような話をして激励している。

「みなさんの多くはまだ自分の子どもを持ったことがないのに、ひと様の子どもたちを預かり、人知れず苦労をされています。虐待を受けたことによって大人を信じられない子どももいれば、心を閉ざしている子どももいる。そういう子どもたちに優しい思いやりの心でもって寄り添い、いつも援助の手を差し伸べておられます。それは、困っている人を助けたいという純粋な愛の行為であり、最高の善行なのです」

「みなさんは日々の仕事の中で、あまたの苦難に直面していると思います。まさに人生という道場の中で、日夜、自分の心を美しく磨いておられるのだろうと思います。人間の究極の目的は、心を磨くこと、魂を磨くことです。つまり児童福祉というのは、人生の究極の目的を実現できるすばらしい天職であり、社会からも広く尊敬され、称賛されるべき立派なお仕事なのです」

私がそのように話すのは、やはり子どもの面倒を見てくれる職員が幸せでなければならないと思うからだ。

既に書いたように、彼らの多くは児童福祉などを学び、希望に燃えて施設に入ってくる。しかし多くの職員は、それまで実際の子どもの世話をほとんどしたことがない上、大変な心の傷を抱えた子どもたちの面倒を見るわけだから、思ってもみなかった困難に次々に直面し、仕事を続けていく自信さえ失ってしまう。

私は、そういう行き詰まってしまった職員たちに、「ぜひ辛抱してがんばってくださ い」と、励ましたいのである。

そして、子どもたちを育《はぐく》む仕事には、「利他」の心、「感謝」の心が大事であるということも伝え、このようなことも力を込めて話している。

「尊い思いやりの心で日々善行に励まれているみなさんには、きっとすばらしい未来が待っているはずです。みなさんのお仕事は毎日苦労が絶えないと思いますが、最初に抱いた理想を忘れず、子どもたちのためにがんばってください」

「すばらしい善行を積んでいるみなさんに幸せがないはずはありません。きっとみなさんの人生には幸せが待ち受けています。それを信じてがんばってください」

前に引用した『陰騭録』の話にもあったように、人生は、自分の行為でその先が変わってくるのだ。

これは私自身が長い人生の中で確信してきた真実でもある。善なる行為というのは、必ず自分に返ってくる。

若い職員たちにはまだ信じられないかもしれないが、私の年齢になれば、「情けは人のためならず」というのが本当であることが身をもって実感されてくる。

この実感は、私自身が会社経営の場で得てきたものであり、また、まわりの人たちに常に親切にしていた両親の生きざまから教わったことでもあるのだ。

だからこそ、こうした「人として生きる上で最も重要な教え」を子どもを育てる親たち、教育者たちのすべてに理解・実践してもらい、それを子どもたちに確実に伝えてほしい、と心から願う。

第五章

子どもたちに伝えるべきこと

思いは実現する

「思い」とは何か

最後に、子どもたちの未来のためにとても重要な話をしたいと思う。

それは「思いは必ず実現する」ということに尽きる。「思い」とはどういうものなのか、どれほどすばらしい力を持っているのかを可能な限りここで述べたいと思う。

まず、人間の持つ「思い」とは一体何だろう。

私たち人間は毎日生活する中で「考える」ということと、「思う」ということをしている。「考える」というのは頭、すなわち頭脳ですることで、何かを記憶すること、思い出すこと、さまざま思考をめぐらすこともすべて頭でしている。この「考える」こと以外に、人間がする行いに「思う」ということがある。

「こんなことをしたい」「あんなものがほしい」など、心の中に思い浮かぶことすべてがその人の「思い」である。

「思い」の中には、腹が立つとか、さびしい、悲しい、嬉しいなどの感情もときにはある。それらも含め、すべてが心に浮かぶ「思い」である。私たちは常にさまざまなことを思い浮かべながら暮らしている。この「思う」という行為は人が生きていくにあたって最も大切なことだと思っている。

一般的には、ものごとを頭で考える行為のほうが大事で、「思う」のは単純なこと、と軽んじられる傾向があるようだが、私は逆で、「思う」という行為ほど大きな力を持つものはないと思う。

このことに気づいている人は残念ながらそう多くない。

しかし、この「思う」ことが人間のすべての行動の源、基本になっている。それを明確に表しているのが現在の文明社会だ。

今から約２５０年前にイギリスで起きた産業革命を機に、人類は近代的な文明社会を築いてきた。それまで人類は、自然の中で、自然の恵みをいただいて生きてきたところにいわゆる産業革命が起き、人類は蒸気機関を手に入れ、工場で多くの機械を使いさまざまなものを生産するようになった。それからというもの、次から次へ発明発見を繰り返し、科学技術はめまぐるしく進歩し、わずか250年の間に現在の豊かな文明社会を築き上げたのだ。

では、なぜ、このように科学技術が発達してきたのか。それは、とりもなおさず、人類が持っている「思い」がもとになっている。

誰であっても、「こういうものがあれば便利だ」「これが可能ならもっと快適なのに」といった思いが心に浮かんでくるはずだ。たとえば今まで歩いたり走ったりしていたが、もっと速く便利に移動する方法はないだろうかと思うようになる。

そしてその夢のような「思い」が強い動機となって、人は実際に新しいものを作り始める。「思い」からスタートし、次に頭で真剣に考え一生懸命工夫をして、何度も失敗を繰り返しながら、新しい乗り物を作り出していった。そうして、ある人は自転車を考案し、ある人は自動車を、ある人は飛行機を作った。

こうして具体的にものを発明し開発していく際には、頭で考え、研究しなければならないが、その発端となるのは、心にふと浮かんだ「思い」だ。「思いつき」といってもいい。この「思いつき」も軽いものだと思われがちで、「思いつきでものを言うな」などという叱り文句もよく聞く。しかし、この「思いつき」こそが実は現在の科学技術、発明・発見の出発点になったのだ。

「思う」ということはものごとの出発点だ。人間の行動はまず心に「思う」ことから始まる。それがなければ何も行動を起こせない。

人はこれほど大切な「思い」を、心に抱く。そうだとすると、次に大切になってくるのは、人の心とはどういうものか、ということだ。

心の庭を手入れする

第三章でも触れたが、そもそも人の心は二つのパートから成り立っている、と考えている。相反する二つの勢力が争いながら同居している、というべきか。

ひとつ目のものは、「自分だけよければいい」という極めて利己的で欲望に支配される心。

二つ目は、この世界をよりよいものにしていく原動力とも言える、「利他」の心である。「誰かのためになりたい」「他の人を助けたい」という優しい心だ。

どんな人の心の中にも必ずこの二つのものが一緒に存在しているので、どちらが大きな割合を占めるか、がその人の人柄を形作っていくのだと考えている。

この二つの勢力のせめぎあいは厄介で、「利他の心」が「今日も一日誰かのためになることを考え、優しい心ですごそう」とつぶやいたとしても、薄汚いもう一方の利己の心が常に「人にかまっている暇があるか。自分本位でいけばラクだ」と叫んでくる。

では、このいやしい声を押さえ込み、利他の心を発揮して生きていくにはどうしたらよいのだろう。

そのことについて、ジェームズ・アレンというイギリスの啓蒙思想家が100年ほど前にこんな表現をしている。

《人間の心は庭のようなものです。それは知的に耕されることもあれば、野放しにされることもありますが、そこからは、どちらの場合にも必ず何かが生えてきます。

もしあなたが自分の庭に、美しい草花の種を蒔《ま》かなかったなら、そこにはやがて雑草の種が無数に舞い落ち、雑草のみが生い茂ることになります。

すぐれた園芸家は、庭を耕し、雑草を取り除き、美しい草花の種を蒔き、それを育みつづけます。同様に、私たちも、もしすばらしい人生を生きたいのなら、自分の心の庭を掘り起こし、そこから不純な誤った思いを一掃し、そのあとに清らかな正しい思いを植えつけ、それを育みつづけなくてはなりません》（『原因と結果の法則』（サンマーク出版）より）

つまり、人の心は自分で手入れをしなくてはならないのだ。放っておいたのでは、欲望、怒り、嫉妬、不平不満などの雑草が生い茂る荒れ放題の庭になってしまう。かぐわしい花々が咲き誇る庭にするためには、自分の心と常に向き合い、その状態をよく見て手入れをし、やさしい思いやりと感謝の種をまいていくことが重要なのだ。

これは、特に若い人たちには心がけて続けてほしいと思う。人の性格は生まれ持ったもので変わらないという人もいるが、私は、心の庭の手入れのようなトレーニングをしていくうちに変わっていくと考えている。自分の心と真摯に向き合うことを続けていくとよりよい人格が形成され、性格もよくなっていく。

毎日の習慣にすればそれほど大変なことではない。たとえば就寝前の数分、目を閉じてその日一日のことを静かに思い起こしてみる。欲望、怒り、嫉妬や不平不満に満ちた一日であったならそれを反省し、これではいけない、もっとやさしい人間になろう、もっと明るい人間になろうと自分に言い聞かせる。それが心の庭の手入れになるのだ。

毎日続けていくうちにまず周りの人たちが「あの人は最近穏やかでやさしくなった。どうしたんだろう」と気づき始めるはずだ。

宇宙に流れる「愛」の法則

人が自身の心を磨き、すばらしい人格を形成していけば、必ずよい結果がやってくる、と私は考えている。

なぜなら、私たちが生きているこの宇宙が、そうした心の持ち主を支援するような「法則」を持っているからだ。この宇宙には、森羅万象をあるがままに存在させるのではなく、すべてを成長発展させる方向へと導く法則がある。すべてをよりよい方向へ進化させる力、といってもいい。

宇宙は今から約140億年前、ひと握りの素粒子の塊が大爆発して誕生、想像を絶するとてつもない空間に発展し、現在もいまだに膨張し続けていると言われている。

最初は素粒子しかなかったのに、そこから各種原子が生まれ、原子が結合して分子が生まれ、分子同士がくっついて高分子ができた。そしてタンパク質が生まれ、DNAという生命の源が構成されて原始生物が誕生した。原始生物は進化を遂げ、人類にまで到達し、生物の進化はさらに続いていると言われている。

この宇宙の誕生から進化の歴史を考えても、すべてのものを発展させようという「宇宙の意志」とも言えるものの存在を感じざるを得ない。

道端に転がっている石にも、私たち生物にも平等に、すべてよりよい方向へ押し流すという宇宙の意志が存在しているのだ。

そんな中に私たちは生きているのだから、「よりよき心」を宇宙が放っておくわけがない。すばらしい心を持った人をさらによい場所へと運んでいくはずだ。

その「真理」を決して忘れてはならない。

心を手入れしていくことを忘れなければ、宇宙の支援を受けながら、自分でも想像できないような人生を歩いていくことができる。

田舎者で普通の少年だった私がその証だ。あの頃は想像もしなかったような人生を送っているのは、まさに宇宙が支援をしてくれたからだと思っている。宇宙の愛を受け入れられるような心を持つために日々心の庭の手入れを怠らず、多くの人にすばらしい人生を送ってほしい、と強く思う。

いかにして思いを実現するか

誰にも負けない努力

ここまで「思い」の大切さと、それを宿す美しい心について述べてきた。ここからは、それを持ってどう思いを実現していくかを説明したい。

「思いは必ず実現する」というのは真理なのだが、そこにはひとつ大きな条件がある。一生懸命その「思い」「夢」に向かい、実現してみせる、という並々ならぬ決意と努力がなければならないということだ。

その努力は「ちょっとがんばりました」というレベルのものではない。目標に向かって一心不乱に、懸命に、ほかの誰にも負けない努力、というものでなければならない。

大変な努力を続けることとは、当然ながら簡単なことではない。しんどく辛いことである。自分自身との闘いにも勝たなくてはいけない。しかし、それを続けることで、予想もしていなかった成果を得ることができるのだ。

「努力に勝る天才なし」という言葉がある。もちろん、生まれながらの天才と呼ばれる人もいるが、学術の分野でも実業の分野でも、世界で大きな仕事を成し遂げた人はみな大変な努力家だ。誰もまねできないほどの努力をし、懸命にそれを続けたことで、天才的とも言われる成果をあげることができるのだ。

どんな困難にもくじけず、必死に努力を続けていく。前を向いて弛まぬ努力を続ける。その力は、必ずや問題を解決し、その人を目標まで押し上げてくれるはずだ。

仕事でも勉強でも、一生懸命に努力を続けていくことにはもうひとつよい効果がある。自分の目指すものに向かって懸命に打ち込んでいると、よりよい方法はないか、能率が上がる方法はないか、とおのずと考えるようになる。そうなると、今日よりは明日、明日よりは明後日と、毎日が創意工夫の時間になっていく。

私は自分を能力のある人間だとは決して思わなかったが、毎日必死で仕事をしているうちに、もっとよい製造方法がないか、効率的な販売方法がないかと考えるようになり、それが自分でも想像できないような進歩・発展をもたらしてくれた。

真摯にひたむきに努力を続け、行き詰まってもあきらめずに考えている姿を見て、かわいそうに思った神様が、新しい知恵・ひらめきを与えてくれたのではないかと思っている。

これまでにお話ししたように、私は「京セラ」「KDDI」「日本航空」という三つの会社の経営に携わってきた。それらがすべてすばらしい経営を続けているのは偶然ではない。誤解を恐れず言えば、経営にあたった私の心のままであると考えている。

私は鹿児島大学を卒業し京都の会社に就職したが、当時その会社の経営は傾きかけており、給料も決まった日にもらえないような状況だった。すぐに辞めたいと思ったが、ほかに行くあてもない。仕方なく与えられた研究に打ち込むことにした。それがそれまで日本にはなかったファインセラミックスの研究開発だった。

ところが、その会社の研究室には十分な設備も器具もない。そんな環境下、私の能力と経験・研究の難度から考え、とても実現できるとは思えなかった。しかし、つぶれかかっていた会社を何とか立て直すために、何としても研究開発を成功させなければならないという強い思いで、ひたすら必死に取り組んだ。

実験室に、自炊用の鍋・釜を持ち込み、ごはんを炊き味噌汁を作って、そこで寝起きをする生活だった。新しいファインセラミックスの材料を自分の手で生み出すという自分の身の丈以上の目標に向かって、昼夜なく努力を続けた。

そもそも自分でこの研究を始めたのではなく、会社が決めた研究開発テーマだったが、それを何としてもやり遂げたいという「思い」に変え、さらに「つぶれかかった会社や仲間をこれで救いたい」という「思い」にまで高めて研究に没頭した結果、日本初、世界でも2番目に新しいファインセラミックス材料の合成に成功したのだ。

京セラを創業してからも、そうした「思い」を胸に必死に努力を続け、新しい材料・新しい製品を開発し、新事業を作り出していった。現在は売上1兆5千億円を超えるグローバルな企業となっている。それは、社員のために会社をよりよいものにする、皆が誇れる会社にしたい、という「思い」を持ち、誰にも負けない努力を重ねて取り組んだ成果だと思っている。

動機は善か

ＫＤＤＩ創業も、まさに「思い」と努力がもたらしたものだと思う。

今から30年ほど前、通信関連に何の知識も経験もなかった私が、当時の電電公社（現在のＮＴＴ）という明治時代以来の巨大企業に挑戦した。それは、当時電電公社が国内の通信事業を独占していたため、誰もが非常に高い通信料金を払わなければならず、なんとか少しでも通信料金を安くして国民の負担を軽くしたい、という「思い」からだった。

当時はまだ京セラも規模は小さく、巨人のような電電公社に挑戦することは無謀以外の何物でもない、と誰もが考えていたと思う。私以外にも電電公社の独占状態を何とかしたいと考えていた人や企業はあったようだが、「相手は明治以来、日本の各家庭に電話線を引いた巨大企業だ。そんな相手に挑戦することはあまりに無謀すぎる」と逡巡していたようだった。

しかし私は、「これからの日本のために、国民のために、どうしても通信料金を下げなければならない」と考え、その思いが揺らぐことはなかった。

そのときに私は半年ほどの時間をかけ、「動機善なりや、私心なかりしや」と自分の心に問い続けた。

「おまえが電電公社に対抗しようと考えるのは、利他の心——誰かのためにという思いやりの心からなのか、それとも、自分が儲けたい、京セラを大きくしたい、有名になりたい、といった私心——利己的な考えなのか」、という問いだ。

そして、毎日繰り返したこの問答は、「この動機は善きことであり、不純なものではない」という結論に帰結した。

それからは誰にも負けない努力で電気通信事業に取り組んだ。そして利他の心を持ってひたむきに努力を重ねていると、多くのかたの支援・協力をいただけた。

以来、ＫＤＤＩは成長発展を続けている。今ではａｕの携帯電話を使ってくださっているかたも多く、ＫＤＤＩは売上５兆円に迫る巨大企業になっている。

不屈不撓の一心

日本航空の再建も同様である。

再建を政府に請われたとき、さまざまな人に相談をしたが、誰もが「やめておいたほうがいい」と異口同音に言った。

それでも私がこの巨大なプロジェクトを受けることにしたのは、日本航空の再建に三つの大きな意義があったからだった。

一つは、日本経済全体への影響だ。日本航空のようなこの国を代表する企業が破綻すれば、当然日本経済に打撃を与えるだけでなく、日本国民の自信の喪失につながるのではないか、と考えた。また逆にこの再建がうまくいけば、弱った日本経済に大きな活力を与えることができるのではないかとも考えた。

二つめは、この企業に残された約3万2千人の社員の雇用を何としてでも守りたかったということ。

三つめは、航空機を利用する人たちのための利便性を守るということだ。日本航空が消えるようなことになれば、日本の大手航空は一社のみとなり、市場の競争原理が働かなくなる。そうなれば航空料金は高止まりになり、様々なサービス低下につながる可能性もある。

その頃私は八十歳を目前にしていたが、そんな「大義」と共に奮い立った。

まずは、社員に「思い」の火をつけて回ることから始めることにした。つまり意識改革だ。

マニュアル主義と言われていた日本航空の社員たちの現場を訪ね、航空会社とはサービス業であり、一人ひとりの社員がお客様の視点に立った接遇につとめることがいかに重要か、を語りかけていった。

私はこの再建に関して、1円の給料ももらわない、と決めていた。週のほとんどを東京のホテル住まいで過ごし、夜遅くなった日はコンビニのおにぎりで済ませる日もあるといった生活を続けながら、会社を建て直すことに注力した。

そんな私の姿を見、また私の話を聞いて、気持ちを切り替え再建に尽くしてみようという社員が次第に増えていった。そして多くの社員が「思い」をひとつにして努力を重ねてくれた結果、日本航空は倒産からたった3年で世界で最も利益を上げる航空会社に変貌したのだ。

人の「思い」と努力というのは、ここまで強大な力を発揮するものなのである。

京セラもKDDIも、日本航空も、最初から成功することが見えていたわけではない。いずれも最初はとてもできそうにもないと思えたことが、世のため人のために何としても成し遂げるという強い「思い」に昇華し、誰にも負けない努力を続けた結果が、今の成功につながっている。

私が三つの企業を経営する中で、ずっと変わらず心に持ち続け、社員にも言い続けた言葉がある。若い頃にその教えに感銘を受けた、中村天風さんというかたの言葉である。

天風さんは若い頃重い肺結核にかかり、死を覚悟した頃インドのヨガの達人に出会い、大変な修行ののち悟りを開いて帰国された。

帰国されてからというもの、一心不乱に努力をされ、ひとりで銀行を作り、さらに多くの企業を成功に導いた。また、その後多くの人々に、積極的に生きることの大切さを説いた。

その天風さんのすばらしい言葉をぜひ紹介しておきたい。

「新しき計画の成就は　只不屈不撓《ふとう》の一心にあり
さらばひたむきに只想え　気高く強く一筋に」

自分の思いを実現したいのなら、どんなことがあっても決してあきらめない心で、必死の努力をしなくてはならない。他のことは何も考えず、こうしたいという一点に「思い」を定めて、ひたむきに思い続けなさい。それも、気高く強く美しい心で一直線に思い続けなさい――。

天風さんはそうおっしゃっている。これこそが、私たちにとっていちばん大切なことなのだ。

先に述べた日本航空再建の職に就くときも、まずこの言葉を社員に贈った。そして社員全員の気高く強い一筋の「思い」と誰にも負けない努力が大きな力となった結果が再建の成功だった。

時間はかかっても、高い志を持って必死の努力を続ければ、必ずその「思い」は実現する。

だからこそ、これからこの国を、この世界を担っていく子どもたちに、「思いは実現する」という真理と、「それに向かって突き進む強さ」、「途中であきらめない辛抱強さ」、「誰にも負けない努力」そして何より強く正しい「思い」の大切さをぜひ伝えたい。

それが、私が母から伝えられた多くの教えのように、私たちが世代を越えて伝えていかなくてはならない天の「摂理」であり、この世界の「約束事」なのである。

子どもたちにはそれを信じて努力を続けてほしい。そしてそれを見守るご家族も、子どもたちの「思い」が実現するよう、ぜひ温かく見守ってほしい。これからこのすばらしい世界を担っていく子どもたちが、これからの長い人生において「思い」を実現し、すばらしい人生を送ることを心から祈りたい。

終章

お母さんは
神様と同義語

平成六年、母校・鹿児島大学に「稲盛会館」を寄贈した。地上三階地下一階の建物で、著名な建築家・安藤忠雄さんに設計していただいた。そして、この建物の中には私の両親の名前が刻まれている。

「稲盛会館」を「キミ&ケサ　メモリアルホール」と命名した。

残念ながら竣工時に両親はすでに他界していたが、建設計画について話したとき、両親は大変喜んだ。父は建設中の現場に何度か足を運んでいたらしい。

私はあれだけの苦労をして私たちを育ててくれた両親に、できうる限りの恩返しをしたいと思っていた。それでも、今なお、それが十分だったかどうかわからない。

特に母には、どれだけしても尽くしきれない想いが、私の中にある。

「ごてやん」の私を、海よりも深い愛情ですっぽりと包んでくれた母。

華奢な体で、戦後の激動期にも家族を守り抜いた母を思い出し、また、ぜんざいの湯気の向こうに見える笑顔を思い出し、私は思わず「お母さん」とつぶやくのである。

私に限らず世の男性というのは、いくつになっても母親には頭が上がらないものではないだろうか。

それは、母の愛があまりにも巨大だからだ。

母親というのは、自分の子どもが病気をすると、自分は死んでもかまわないからこの子を助けようと捨て身で看病する。そのような母性愛は、普遍的な、誰にでも与えられる美しい思いやりではない。それはもう非常に極端な、自分の子どもにしか与えられない、いわゆる本能的な愛なのである。

母親ほど立派なものはない。

たとえ一般的な教養が乏しい母親であっても母親をばかにする子どもがいないのは、このような母親のわが子に対する愛情、優しさがあまりにも深いゆえだ。

最近、もしかすると自分が今「お母さん」と言ったのは、妻のことだったかもしれないと思うときがある。

こんなことを書くのは初めてだが、七十代後半ぐらいから私の妻はすばらしい妻だと思うようになった。それはもう、思わず手を合わせて拝みたくなるぐらいにすばらしい。

もちろん若い頃はお互い理屈っぽいことを言い合ったりしたが、今は実に優しい妻だと思う。これはのろけではなく本当にそう思うし、心から尊敬している。

現在、私は家にいることが増え、妻とはしょっちゅう顔を合わせている。

私たち夫婦は特にこれという会話はしない。

それでも、家ではぐうたら過ごしている私の身のまわりによく気を遣い、着るものから食べるものまで何から何まで面倒を見てくれる。しかも一度も愚痴や文句を言ったことはない。仕事の忙しさにかまけて家のことをかまわずにいた私の代わりに、三人の娘を立派に育てあげた。偉そうなことを言っている私には、実は子育てをした記憶がない。すべて妻がしてくれた。

子育てで忙しい時期も、仕事で帰りが遅くなることが多かった私を、必ず寝ずに待っていてくれた。

何のぐちも言わず、何も聞かなかった。

妻がいなくなったら、私は生きていけなくなるのではないかと思っているくらい、頼りにしきっている。

あるいは、こんなふうに思うときもある。

私が「お母さん」とつぶやくのは、もちろん母キミのことであり、ときには妻のことでもあると同時に、「神様」のことでもあるのではないかと。

母親は自分を無条件で守り愛してくれる存在だったから、子どもにとってはいつまでも神様に近いものなのだ。

また、いつも天のどこかで見守っていてくれる存在だからこそ、子どもの頃神仏に手を合わせてつぶやいたように、「お母さん、ごめん」「お母さん、ありがとう」と語りかけるのかもしれない。

「お母さん」とは、まさに「神様」と同じありようの言葉。

この世に生きる誰しもがお母さんから「命」を授かることを考えれば、それも当然のことかもしれない。

だから、「お母さん、ありがとう」は「神様、ありがとう」という意味であり、「お母さん、ごめんなさい」は「神様、ごめんなさい」と、同じ意味合いなのだ、と今はつくづく思う。

八十をすぎた私にもいまだ気づきをくれる母に、心から感謝したい。

——お母さん、ありがとう。

稲盛和夫　いなもり・かずお

1932年、鹿児島市に生まれる。鹿児島大学工学部卒業。59年、京都セラミック株式会社（現京セラ）を設立。社長、会長を経て、97年から名誉会長。また84年に第二電電（現KDDI）を設立し、会長に就任。01年に最高顧問。10年に日本航空会長に就任。代表取締役会長を経て、15年に名誉顧問。84年には私財を投じて稲盛財団を設立し、理事長に就任。同時に国際賞「京都賞」を創設。毎年、人類社会の進歩発展に功績があった方々を顕彰している。他にも若手経営者が集まる経営塾「盛和塾」の塾長として経営者の育成に心血を注ぐ。主な著書に『生き方』（サンマーク出版）、『ゼロからの挑戦』（PHP研究所）、『アメーバ経営』（日本経済新聞社）、『君の思いは必ず実現する』（財界研究所）、『人生の王道』（日経BP社）、『ど真剣に生きる』（NHK出版）、『燃える闘魂』（毎日新聞社）、『成功の要諦』（致知出版社）、『稲盛和夫経営講演選集』（ダイヤモンド社）などがある。

稲盛和夫オフィシャルホームページ
http://www.kyocera.co.jp/inamori/

装丁／文京図案室
編集／下山明子

ごてやん　私を支えた母の教え

2015年11月1日　初版第一刷発行

著者　稲盛和夫
発行人　菅原朝也
発行所　株式会社　小学館
〒101-8001
東京都千代田区一ツ橋2-3-1
電話　編集　03（3230）5724
販売　03（5281）3555
印刷所　大日本印刷株式会社
製本所　牧製本印刷株式会社

ISBN978-4-09-388399-3